写给所有人的
女性主义

[美]贝尔·胡克斯 著

张艳 译

新版序言

在和女性主义理论及实践打了四十多年交道后，我可以自豪地说我把人生中的每一年都奉献给了女权运动，而且在挑战父权制方面付出的努力一年比一年多。我从未如此积极地分享女性主义所带来的快乐，女性主义解放了我们这些努力做出改变、希望终结性别歧视、性剥削和性压迫的男男女女。

从最初和女性主义实践打交道的时候开始，我最大的热情就是开始一场群众性的女权运动。二十岁的时候，我相信女性主义能解决我们所有人生活中面对的不公，我努力想把女性主义思想的意义和实践介绍给更广泛的群体，介绍给大众。尽管很多从前不了解女性主义的人——尤其是黑人——接触到了我的作品，但以学生或教授的身份写作还是意味着我的作品无法拥有广大的受众。普通人一般通过两种途径知道一本书的存在：要么他们在书店看到这本书，要么他们读到了这本书的书评。而那些反叛、激进的作品很难获得主流评论家的关注。

我很幸运能出版专著，我的书尽管没有获得多少评论关注，但还是找到了它的受众。转变路线是非主流图书获得更大读者群的方式之一。当然了，那些能让读者说出"这本书救了我的命"的书可以通过口耳相传走红。当我回顾这四十年来的女性主义理论写作生涯，我惊叹于自己的作品居然一直有受众，而且一直能培养读者的批判性意识。

尽管在这些年里，越来越多的男性或女性的声音来到台前，就女性主义理论或文化批评写作，但学术圈逐渐变成女性主义思想传播的主要平台。这个趋势能让大学生了解到女性主义思想和实践的力量和重要性，对他们来说有积极影响，但它不利于女性主义成为广泛群众参与的运动。

我的女性主义意识觉醒是在本科期间，那时我的思想被妇女研究课堂和所读的书改变。但我出生在一个有六个女孩和一个男孩的家庭里，我希望我的妈妈、我的兄弟姐妹，以及我认识的每一个人都能像我一样了解到女性主义思想。这本书封面[①]上的肖像是我和我最好的朋友，我们在本科一年级时就认识了。种族没有阻挡我们的友谊，工人阶级背景成了联系我们的纽带。照片里的我们二十岁出头。当我开始对女性主义感兴趣时，阿普尔和我一起参加了女性主义会议，了解女性主义。在四十多年后，我们依然会一起参加女性主义讲座。我们一起学

---

① 指由劳特利奇出版社于2015年出版的此书封面（bell hooks, *Feminism Is for Everybody*, Routledge, 2015）。——编者注

习，一起度过人生的旅程，由此了解到"姐妹情谊力量大"不只是一句空话。

我的写作素材一直来自我的真实生活体验，我写的是我生命中发生的事，以及我身边男男女女身上发生的事。这么多年来，我经常听到学术圈内外的人说他们不理解女性主义思想和实践。那些从妇女研究课堂中习得批判性意识的学生经常表示，他们无法向家人和朋友解释这种思维方式。

我听到太多人抱怨女性主义理论"太学术化"或"充满晦涩用词"，我觉得如果我们无法和大众交流女性主义政治，那女权运动算是失败了。我经常说我们需要挨家挨户地宣传女性主义思想（可惜至今没有做到）。然后我想到，我应该写一本书，用通俗的方式解释女性主义思想，鼓励普罗大众拥抱女性主义政治。

我从来不觉得女权运动是只属于女人的运动。在内心深处，我知道如果我们无法鼓励每一个男人或女人、男孩或女孩走近女性主义，那女权运动就无法取得真正的成功。我会告诉学生我打算写一本解释女性主义理论的通俗读物，一本你能带回家和亲戚、父母、祖父母、教友分享的书。

这本书的书名"写给所有人的女性主义"就像一句口号，表明了书的内容。这本书清晰、简洁、易读，对我来说就是梦想成真。因为这本书邀请我们所有人走近女性主义。

目 录

前　言　　走近女性主义　　　　　　　　　　001

第一章　　女性主义政治：我们所处的位置　　009
第二章　　意识觉醒：不断改变的心　　　　　019
第三章　　姐妹情谊依然强大　　　　　　　　029
第四章　　女性主义教育提高批判意识　　　　037
第五章　　我们的身体，我们自己：生育权　　047
第六章　　内在美，外在美　　　　　　　　　055
第七章　　女性主义阶级斗争　　　　　　　　063
第八章　　全球女性主义　　　　　　　　　　073
第九章　　职业妇女　　　　　　　　　　　　081
第十章　　种族与性别　　　　　　　　　　　091

第十一章	终结暴力	099
第十二章	女性主义的男性气质	109
第十三章	女性主义的养育方式	117
第十四章	解放婚姻和伴侣关系	127
第十五章	女性主义性别政治：双向解放的伦理法则	137
第十六章	全然狂喜：女同性恋和女性主义	147
第十七章	再次感受爱：女性主义之心	157
第十八章	女性主义信仰	165
第十九章	有远见的女性主义	173

前 言

◇

走近女性主义

无论我去到什么地方，如果有人想知道我是谁、从事什么职业，我都会骄傲地告诉他们，我是作家、女性主义理论家和文化批评家。我告诉他们，我就电影和流行文化进行写作，分析这些媒介中的信息。绝大多数人都会觉得很有意思，想进一步了解。人人都会看电影、看电视、翻阅杂志，每个人都会对自己从中接收的信息、看到的图像有想法。普罗大众很容易理解我身为文化批评家是做什么的，也很容易理解我对写作的热情（很多人自己也想写作，或者已有写作经验）。但女性主义理论——每次说到这里，对方就不再问问题了。我开始听到人们评价女性主义有多邪恶、女性主义者有多糟糕："她们"如何憎恨男人；"她们"如何试图违背自然——还有上帝；"她们"都是女同性恋；"她们"如何抢走所有工作，让白人男性的生活变得艰难，毫无胜算。

当我问这些人读过什么女性主义书籍或杂志、听过什么女性主义讲座、知道什么女权运动时，他们的回应让我发现，他们在生活中了解的女性主义知识都是三手信息。他们与女权运动之间的距离还太遥远，不足以知晓真正发生了什么。绝大多数人都以为女性主义者就是一群想做男人的愤怒女性。他们甚至不觉得女性主义事关权利——关乎女人获得平等权利。当我近距离从私人的角度说起我所知道的女性主义时，他们会乐意聆听，但在对话结束后，他们会迅速告诉我，我很特别，和那些仇男且愤怒的"真"女性主义者不一样。我向他们保证，我是最"真"、最激进的那种女性主义者，如果他们愿意近距离接触女性主义，他们会发现女性主义不是他们想象的那样。

每次结束这样的对话，我都希望自己手里有一本小书，能让我说，读读这本书吧，它会告诉你女性主义是什么、女权运动的内容是什么。我希望自己手里有一本简明扼要、通俗易懂的书；不是那种满是艰深术语和学术语言的大部头，而是一本清晰直白的书——容易读懂，但又不会简化太多细节。自从女性主义的思想、政治和实践改变了我的生活，我就一直想要这样一本书。我想把这本书给我爱的人们，这样他们就能更好地理解我信仰的这条道路、这种女性主义政治，是它们构成了我政治生活的基础。

我希望他们对"女性主义是什么"这个问题能有答案。这个答案不是基于恐惧或幻想。我希望他们能一遍又一遍地读到下面这个简单的定义，从而知道女性主义是什么："女性主义是一场终结性别歧视、性剥削和性压迫的运动。"我爱这个定义,在我十年前的专著《女权主义理论:从边缘到中心》(*Feminist Theory: From Margin to Center*)里,我第一次提出了这个定义。我爱这个定义,因为它清楚地指出女性主义不是反男运动。它明确指出问题在于性别歧视。这个清晰的定义提醒我们,我们所有人,无论男性还是女性,都从出生开始社会化,在这个过程中接受性别歧视的思想和行为。因此,女性和男性一样,也可以是性别歧视者。这里并不是要将男性统治正当化或为其开脱,但它确实指出,若女性主义思想家把女权运动简单地看作女人反对男人的运动,那他们就太过天真,或者执迷不悟了。若要终结父权制(另一种称呼制度化性别歧视的方式),我们必须清楚一点,即除非我们能改变自身的想法,抛弃性别歧视的观点和行为,代之以女性主义的思想和行为,否则我们就都是性别歧视的参与者。

男性作为一个群体从父权制中获利最多,这些利益来自这样的预设:男性比女性优越,理应统治女性。但获得利益需要付出代价。为了从父权制中获取利益,男人被要求统治、剥削、压迫女人,甚至不惜使用暴力来维护父权制的稳定。绝大多数男人都觉得当大家长很困难。绝大多数男人都被恐女或恨女的情绪、男性针对女性的暴力所困扰,就连那些对女人施暴的男人也一样。但他们不肯放弃这些利益。他们不确定一旦父权制被动摇，这个他们了解最深的世界会变成什么样子。他们发现被动支持男性统治更加容易，哪怕在内心深处，他们知道这是错的。男人们一次又一次告诉我，他们不知道女性主义者想要什么。我相信他们。我相信他们改变和成长的能力。我也相信如果他们对女性主义有更多了解，他们就不会再恐惧女性主义，因为他们会在女权运动中看到希望，看到自己从父权制枷锁中解放的希望。

为了这些男人，无论老幼，也为了我们所有人，我写下了这本简短的手册。这本书我已经渴望了二十几年。我必须写下这本书，因为我一直在等它出现，但它没有出现。没有这本书，就没有办法接触到这个国家成千上万的人，他们每天被反女性主义言论轰炸，被告知要仇恨并阻止这场他们知之甚少的运动。这个社会本该有大量女性主义入门读物，本该有通俗易懂的小册子和书籍，向我们介绍女性主义的方方面面，而这本书本该只是其中一个充满激情的声音，代表女性主义政治发声。我们本该有广告牌，杂志上的广告，公交、地铁、火车上的广告，电视上的广告来传播话语，让整个世界对女性主义有更多了解。但我们还没走到那一步。如果我们要推广女性主义，让这场运动走进每一个人的头脑和心灵，这就是我们必须做的。女性主义带来的改变以积极的方式触动了我们每个人的生活。但如果我们听到的都是关于女性主义的负面言论，我们就容易忽视女性主义积极的一面。

我最初抵抗男性统治、反抗父权制思想（并反对我生活里最强的父权制声音——我母亲的声音）的时候，还是一个青少年，有自杀倾向，抑郁，不确定自己将如何在生命中寻找意义或自己的位置。我需要女性主义为我创造一个平等和正义的平台。我妈妈开始接受女性主义思想。她看到我还有她所有的女儿（我们共六人）都因为女性主义政治而活得更好。她看到了女权运动的前景和希望。我想用这本书和你们、和所有人分享的正是这个前景。

请想象我们生活在这样一个世界：这里没有压迫，男性和女性不一样，甚至不总是平等，但互助共情的愿景始终是我们互动时遵循的信条。请想象我们生活在这样一个世界：我们可以自由自在地做自己，世界和平，机会无限。光靠女性主义革命无法创造这样一个世界，我们还需要终结种族歧视、阶级精英主义、帝国主义。但女性主义能让男性和女性充分实现自我，创造一个有爱的社群，大家共同生活，实现我们自由和正义的梦想，让人人"生而平等"的真理变成现实。走近一点吧，来看看女性主义能如何触动并改变你和我们所有人的生活。走近一点吧，来亲身体验女权运动。走近一点，你就会看到，女性主义是为了我们所有人。

第一章

女性主义政治：我们所处的位置

简单来说，女性主义是一场终结性别歧视、性别剥削和性压迫的运动。十几年前，我在《女权主义理论：从边缘到中心》里对女性主义提出了这个定义。当时我希望它能成为人人都会使用的常见定义。我喜欢这个定义，是因为它没有暗示男人是敌人。它一语中的，告诉我们性别歧视才是问题所在。从实践的角度看，这个定义暗示我们，所有性别歧视的思想和行为都是问题所在，不管它们来自女性还是男性，孩子还是成人。这个定义也足够宽泛，能全面涵盖我们对系统性、制度化性别歧视的理解。这是一个开放性的定义。它暗示我们，若想理解女性主义，就必须理解性别歧视。

女性主义政治的拥护者都知道，大多数人不理解性别歧视，就算他们理解，他们也不觉得性别歧视是一个问题。很多人认为女性主义始终只是女人渴望与男人平等。这里面很大一部分人认为女性主义就是反男主义。他们对女性主义政治的误解反映了这样的现实情况：大多数人是从父权制大众媒体里了解到女性主义的。他们最常了解到的女性主义都是由这样一批女性描绘的：她们最主要的关注点是性别平等——男女同工同酬，有时候还关乎女人和男人共同承担家务和育儿。人们看到的这些女性通常都是白人，经济条件优越。人们从大众媒体那里得知，妇女解放运动关注堕胎自由、女人做女同性恋的自由、反抗强奸和家暴的自由。在这些议题里，很多人都赞同工作场合性别平等的理念，也就是支持同工同酬。

我们的社会一直是一个"基督教"文化主导的社会，因此很多人依然相信，上帝规定女人在家庭内部从属于男人。哪怕大量的女人已经进入工作场所，哪怕很多家庭都由女人作为唯一的经济支柱，这种家庭生活的图景依然占据整个国家的想象，维系着男性统治逻辑的完整，不管家庭中是否有男性存在。若我们有女权运动就是反男主义的错误观念，随之而来的将是这样一种错误的假设，即在一个全部是女性的空间内，父权制和性别歧视思想必将不存在。很多女人都选择相信这一点，就连那些参与女性主义政治的人也是如此。

早期女性主义活动家用怒火回应男性统治，在她们之中确实存在强烈的反男情绪。正是这种对于不公正产生的怒火孕育了妇女解放运动。早期女性主义活动家（很大一部分都是白人）对于男性统治本质的意识觉醒，源于她们在和男人共同参与反阶级歧视和反种族歧视的过程中，发现男人一边告诉全世界自由的重要性，一边却在压迫女性同僚。无论是对代表社会主义的白人女性、代表民权和黑人解放的黑人女性，还是为土著权益奋斗的美国土著女性来说，事实都很清楚：男人想领导，想要女人跟从他们。在为自由进行激进抗争的过程中，进步女性身上的反抗和抵制的精神开始觉醒，这一点引领她们走向了当代妇女解放。

随着当代女性主义不断进步，女人开始意识到男性不是我们社会里唯一支持性别歧视思想和行为的群体。女性也可以是性别歧视者。由此，反男情绪不再成为这场运动的意识核心。焦点转移到我们如何全力创造性别平等。但如果我们不正视自己的性别歧视思想，女性就无法团结起来继续推动女性主义的发展。若女人彼此为敌，姐妹情谊就无法变得更加强大。对姐妹情谊的乌托邦式想象建立在所有女人都是男性统治受害者的观念之上，但这种幻象很快被有关阶级和种族的讨论打破。有关阶级差异的讨论很早就出现在当代女性主义讨论中，关于种族的讨论也随之而来。早在20世纪70年代中期，戴安娜出版社（Diana Press）就出版了文集《阶级和女性主义》（*Class and Feminism*），此书对女人之间的阶级划分发表了革命性的见解。这些讨论没有磨灭女性主义者对"姐妹情谊是强大的"的坚持，只是强调了一点：我们要想成为姐妹，就必须正视女人通过性别、阶级和种族对其他女人的统治或剥削，并创造一个能关注这些差异的政治平台。

尽管从一开始，黑人女性个体就活跃在当代女权运动中，但她们从来不是这场运动的"明星"个体，从来没有吸引大众媒体的注意力。在很多情况下，这些黑人女性个体都是改革派女性主义者（和很多白人女同性恋一样）。她们和改良派女性主义者意见相左，改良派女性主义者试图营造的印象是，妇女解放运动只关乎女人在现有体制内取得和男人平等的地位。但在女性主义者圈子还不太谈论种族之前，黑人女性（以及她们在斗争中的改革派盟友）就已经意识到，在现有的白人至上资本主义父权制体制下，她们永远无法获得平等地位。

从最早的时候开始，女权运动就开始两极化。改良派思想家选择强调性别平等。但改革派思想家想要的不只是调整现有体制，以便让女人获得更多权利。我们要的是改革整个体制，终结父权制和性别歧视。由于父权制大众媒体对这个更具革命性的图景没有太多兴趣，改革派女性主义在主流媒体中一直没有获得关注。眼下抓住大众想象的"妇女解放运动"图景依然是女人想获得男人拥有的东西。这个图景也更容易实现。在国民经济、经济萧条、失业情况等方面发生变化的背景下，我们国家的公民更能接受工作领域的性别平等。

考虑到种族歧视的现实，我们也就不难理解，白人男性为何更愿意在妇女权利能维护白人至上主义利益的时候接受这种权利。我们永远不会忘记，白人女性开始宣告对自由的需求是在民权运动结束后，就在种族歧视开始瓦解，黑人——尤其是黑人男性——在工作场合更容易和白人男性获得同等地位的时候。改良派女性主义思想主要关注在工作场合与白人男性的平等，从而遮盖了当代女性主义原有的激进基础，即当代女性主义不只呼吁改良，也呼吁对社会全面的重塑，从而让我们国家从根本上反对性别歧视。

大多数女人——尤其是享有特权的白人女性——在现有社会结构中获得和男人同等的经济权利后，就不愿考虑改革派女性主义描绘的图景了。讽刺的是，改革派女性主义思想在学术圈里反而是最被接受且受拥护的。在学术圈子里，改革派女性主义理论不断进步，但经常无法触及大众。它逐渐变成并将持续成为一种特权话语，只有我们之中读写能力强、受教育程度高，且往往经济条件优越的人才有机会接触到。《女权主义理论：从边缘到中心》这样的书提供了女性主义变革的自由派图景，却从来没有获得主流关注。很多人从来没有听过这本书。他们并非反对书中的信息，只是还不知道这个信息是什么。

主流的白人至上资产阶级父权制出于自身利益，要去压迫这些并不反男或仅仅关乎男女同权的有远见的女性主义思想，与此同时，就连改良派女性主义者也迫不及待地想消灭这

015

些声音。改良派女性主义成了这些女性主义者阶级流动的通道。她们可以在工作场合从男性统治中获得解放，更加自主地决定自己的生活方式。在性别歧视未终结的情况下，她们可以将自己在现有体制内的自由最大化。她们可以依赖那些更低阶层的被剥削、被压迫的女人，让她们帮忙做自己不愿做的脏活儿。她们默许甚至参与压迫工人阶级女性和贫穷的女性，不仅和现有父权制及其伴随的性别歧视结盟，还赋予自己过双面人生的权利：一方面在工作场合和男人平权，另一方面在家里随心所欲。如果她们选择作为女同性恋生活，那她们就有特权在工作场合和男人平等，同时利用阶级权力，创造一种和男人极少接触甚至零接触的生活方式。

"强调生活方式的女性主义"（lifestyle feminism）的概念让人们相信，女性主义可以有很多种版本，正如女性本身就是多种多样的。突然之间，政治被慢慢移出了女性主义。这样的预设开始流行：不管一个女人的政治立场是保守还是自由，她都可以用她现有的生活方式支持女性主义。很显然，这种思维方式让女性主义变得更容易被接受，因为它潜在的预设就是，女人即使不从根本上挑战和改变自身或所处的文化，也能做一个女性主义者。让我们以堕胎的议题举例。如果女性主义是一场终结性别歧视的运动，而剥夺女性的生育自由权是一种性别压迫，那一个人就不可能既反对堕胎自由又是女性主义者。一个女人可以坚持自己不会堕胎，同时支持其他女人选择堕胎的权利，与此同时又是女性主义政治的拥护者。但若她反对堕胎自由，她就不可能是女性主义的拥护者。与之相应，若"强调权力的女性主义"（power feminism）唤起的权力来自对他人的剥削和压迫，那所谓"强调权力的女性主义"就不存在。

女性主义政治势头渐衰，是因为女权运动失去了清晰的定义。我们本来有清晰的定义，现在让我们拿回它们，分享它们。让我们从头开始。让我们在T恤、汽车保险杠贴纸、明信片、嘻哈音乐、电视和收音机广告、宣传广告、告示牌和各种印刷材料上告诉世界女性主义是什么。我们可以分享这个简单但强有力的讯息：女性主义是一场终结性别压迫的运动。让我们从这里开始。让这场运动再次扬帆起航。

第二章

意识觉醒:不断改变的心

女性主义者不是先天诞生的，而是后天形成的。一个人不会因为出生时有幸成为女性，就自然而然地成为女性主义政治的拥护者。和选择其他政治立场一样，一个人是通过自己的选择和行为才成为女性主义政治的信徒的。早在最初集结成团体讨论性别歧视和男性统治的问题时，女人们就已经清楚，女性会在社会化的过程中变得和男性一样信奉性别歧视的思想及价值观，两者的区别仅仅在于男性在性别歧视中收获的利益比女性更大，因此更不愿意放弃父权制特权。在改变父权制之前，女人必须先改变自己；我们必须提高自己的意识。

要想增强改革派女性主义的意识，很重要的一点是学习了解父权制如何成为一个统治体制，如何变得制度化，如何延续并维系自身。我们要了解男性统治，了解性别歧视如何体现在日常生活中，这样才能提升女性内心的意识，意识到女性是如何成为受害者，如何被剥削以及（在更糟糕的情况下）被压迫的。在当代女权运动早期，意识觉醒团体（consciousness-raising groups）往往成为发泄情绪的场所，女性在这里发泄其长期身为受害者所积压的敌意，几乎不关注干预和改变现状的策略。可以说，很多被伤害或被剥削的女性把这些组织的活动当成了心理治疗。在这里，她们揭露并公开私密的伤口。坦承的过程成了疗愈的仪式。通过提升女性主义意识，女性得以获得在工作场所及家庭中挑战父权制的力量。

重点在于，意识觉醒工作的基础是女人开始审视性别歧视思想，并就此制定策略，通过和女性主义思想对话，投身女性主义政治，来改变我们的态度和观念。从根本上说，意识觉醒团体是一个开展对话的场所。要想开展具有广泛民众基础的女权运动，就必须要有组织。意识觉醒团体活动就是组织见面的场所，它通常在某人的家里举行（而不是在需要租赁或捐赠的公共场所），在那里，有资历的女性主义思想家和活动家会发展新的成员。

值得关注的是，交流和对话是意识觉醒活动的核心议程。很多组织会设立规章制度，确保每个人的声音都被尊重。女性们轮流发言，以便大家都能被听到。这种平等讨论模式的好处在于每个女性都有发言机会，但它往往无法为深度对话创造条件。不过，在大多数情况下，通常在所有人至少发言一次后，讨论和争辩依然会发生。观点输出式讨论在意识觉醒团体里很常见，因为通过这种方式，我们才能阐明我们对男性统治本质的共同理解。只有通过讨论和求同存异，我们才能在性别剥削和压迫问题上找到一个比较可行的立场。

女性主义思想最初在这些成员彼此熟识的小团体里（成员们往往是同事或朋友）诞生，后来随着女性主义思想在出版物中被理论化，接触到更广阔的读者群，这些群体就解散了。妇女研究（women's studies）作为一个学科成型，为女性提供了了解女性主义思想和女性主义理论的平台。很多率先在大学课堂开设妇女研究课程的女性，其实都是参与民权斗争、同性恋平权运动和早期女权运动的激进活动家，她们很多人没有博士学位，也就意味着她们进入学术机构后，和其他领域的同事相比，将领着更低的薪酬，接受更长的工作时间。等到下一批年轻的学生毕业，为女性主义学术在学术界正名时，我们才知道获得高等学位的重要性。我们大多数人将投身妇女研究视作政治活动；我们准备好了牺牲自己，为女权运动奠定学术基础。

等到20世纪70年代后期，妇女研究作为学科开始为人所接受。但这场胜利掩盖了这样一个事实：很多为妇女研究制度化铺路的人都因为只有硕士学位而非博士学位而被解雇。虽然我们中有些人回到了研究生院，取得了博士学位，但我们之中一些最优秀、最聪明的人并没有这样做，因为她们对大学的幻想已经破灭，在繁重的工作下不堪重负，同时看到支撑妇女研究的激进政治正在被自由派改良主义取代，从而感到失望和愤怒。没过多久，妇女研究的课堂就取代了免费为大众开放的意识觉醒团体活动。在意识觉醒团体里，你可以找到各种背景的女性，无论是普通的家庭主妇或服务行业从业者，还是声名显赫的职业女性都有可能出现，但学术界依然是具有阶级特权的场所。享有特权的白人中产阶级女性在数量上可能是大多数，却不一定是当代女权运动的激进派领导人，但她们这个群体是大众媒体所关注的女权运动的代表，因此她们享有更高的声望。而那些具有改革派女性主义意识的女人——很多人是女同性恋或工人阶级出身——在女权运动获得主流关注后却变得不可见。在妇女运动紧紧依附于氛围保守、结构类似企业的大学后，她们更是被迫让位。自从妇女研究课堂取代意识觉醒团体成为传播女性主义思想、形成社会变革策略的主要场所后，女权运动就失去了其获得群众基础的潜力。

突然之间，越来越多女性开始称呼自己是"女性主义者"或使用性别歧视的修辞，而她们只是为了改善自己的经济地位。女性主义研究的制度化为学术界和出版界创造了一批工作岗位，这种职业层面的变化滋生了大量职业投机主义者，她们从来没有在政治层面投入具有群众基础的女性主义斗争，却借用女性主义立场或术语，来帮助自己实现阶级跃迁。意识觉醒团体的解体让以下观念几乎被抹去：一个人必须学习了解女性主义，才能在知情的情况下拥抱女性主义，才能成为女性主义的拥护者。

意识觉醒团体不再是女人们直面自身性别歧视思想的场所，女权运动因而转向关注工作场所性别平等和对抗男性统治。随着女人作为性别平等的"受害者"、需要补偿的形象被不断强调，女人首先需要直面自身内化的性别歧视思想，才能成为女性主义者的观点失去了受众。无论是什么年龄阶段的女性，都表现得好像只要关注男性统治或性别平等议题，或者对此表示愤怒，就能成为女性主义者一样。若不直面自身内化的性别歧视思想，那些半路拾起女性主义大旗的人，往往会在和其他女人互动的过程中，背叛女性主义道路。

等到20世纪80年代早期，政治语境中的姐妹情谊（sisterhood）再度被记起，它曾经在女权运动早期起到了关键作用，如今却丧失了原有的含义。激进主义女性主义政治的光芒被"强调生活方式的女性主义"所掩盖，后者暗示任何女人——无论持有怎样的政治信仰——都可以成为女性主义者。不用说，这种观念损害了女性主义的理论和实践，也损害了女性主义政治。随着女性运动自身更迭，一遍又一遍地强调其原有的战略，开启一场面向所有人的，终结性别歧视、性别剥削和性别压迫的群众运动，意识觉醒团体将再一次恢复以往的地位。女性主义意识觉醒团体最初以互助会的形式成立，在社群里举行活动，向无论来自何种阶级、种族或性别的人传达女性主义信息。虽然基于其他共同身份的分组也可能会成立，但在每个月底，大家都会参加混合小组。

对于女性革命运动来说，男性小组的女性主义意识觉醒和女性小组的女性主义意识觉醒一样至关重要。如果早前有人强调要为男性设立小组，教导男孩和男人性别歧视为何物、如何改变现状，那么大众媒体也就不可能将女权运动刻画成反男运动了。同样，反女性主义者的男性运动（Men's Movement）也不会出现。大多数男性运动团体成立，是为了反击当代女性主义的觉醒，它们自然无法改善性别歧视或男性统治的现状。正如"强调生活方式的女性主义"瞄准女人一样，这些团体往往变成男人的疗愈场所，在那里男人们敞开自己的伤口，不必担心受到针对父权制的批评，也不必担心这个平台抵制男性统治。未来的女权运动不能再犯这样的错误。我们需要一个平台来认可全年龄段男性对性别歧视的抵制。没有男性作为斗争同盟，女权运动将无法进步。我们所要做的，就是纠正一个根植于我们文化心理的观念：女性主义是反男运动。女性主义是反对性别歧视的运动。一个男性若放弃了男性特权，拥抱女性主义政治，那他也是共同奋斗的同志，绝不是女性主义的威胁。与此同时，若一个女性拥护性别歧视的思想和行为，却深度参与女权运动，那她将是巨大的威胁。女性主义觉醒团体做出的最有力的干预，便在于让所有女性直面自身内化的性别歧视思想，审视自己如何成为父权制思想和行为的帮凶，以及思考觉醒后对女性主义的献身。这些干预依然有必要，是任何人选择女性主义政治的关键一步。我们在对抗外部敌人之前，必须先转化内部的敌人。真正的威胁、真正的敌人是性别歧视的思想和行为。若扛起女性主义政治大旗的女性不攻克自身的性别歧视思想，最终受损害的将是女权运动本身。

第三章

◇

姐妹情谊依然强大

"姐妹情谊力量大"的口号最开始出现时很美好。我在大学二年级开始全身心投入女权运动。在女校读了一年后，我转学进入斯坦福大学，以亲身经历体会女性的自尊和自信在全是女性的教室和在有男性在场的教室有什么不同。在斯坦福大学，每间教室都是男性占据主导地位，女性发言更少，更加被动，即便她们开口，很多时候你也很难听清她们在说什么。她们的声音缺少力量和自信。更糟的是，我们被男性教授一遍又一遍地告知我们不如男性聪明，我们不可能成为"伟大的"思想家、作家，等等。这种态度使我感到震惊，毕竟我来自一个全是女性的环境，在那里我们的智力水平和价值不断被教授为我们和她们自己设置的学术高标准认可，我们的教授几乎全是女性。

不得不说，我要感激我最爱的那位英语系白人女教授，是她认为我在女校得不到足够的学术指导，因为那所学校没有高水准的写作专业。她鼓励我去斯坦福。她相信我以后会成为重要的思想家和作家。在斯坦福，我的能力一直被质疑。我开始怀疑自己。然后女权运动开始震动校园，女学生和女教授要求结束课堂内外的性别歧视。哇，那段时间真是惊险但美好。那时我上了人生中第一堂妇女研究的课，讲课的人是作家蒂莉·奥尔森（Tillie Olsen），她要求学生首先思考工人阶级女性的命运。接下来是戴安·米德布洛克（Diane Middlebrook），她是一名学者，之后还曾为安妮·塞克斯顿（Anne Sexton）作传。米德布洛克在当代诗歌课堂上传阅我写的一首诗，上面没有附上作者姓名，然后让我们辨别作者是男是女。她通过这场试验让我们批判性地思考，用性别偏见断定一篇作品的价值是否可行。那时我19岁，开始写人生中第一本书《难道我不是女人吗：黑人妇女和女性主义》（*Ain't I a Woman: Black Women and Feminism*）。若没有女权运动为女人之间创造坚实的感情基础，这些了不起的转变绝不可能发生。

这一切都建立在我们对"内部敌人"的批评，也即对我们内化的性别歧视的批评上。我们都以亲身经历知道自己身为女人，在社会化的过程中，由于父权制思想认定且相信自己不如男人，认为自己永远且只能和别的女人争夺父权制的认可，相互嫉妒、相互恐惧、相互仇恨。性别歧视思想让我们毫无同理心地评判他人，对他人实施严重的惩罚。女性主义思想帮助我们解开了女性自我仇恨的思维定式，让我们的意识从父权制思想的掌控中解放出来。

男性情谊是父权制文化接受并认可的内容。人们喜欢假设男人成群就会团结，互相帮助，成为一个集体，把群体利益置于个人所得之上。而女性情谊在父权制体制中是不可能存在的；它是背叛父权制的行为。女权运动为女性情谊创造了环境。我们团结不是为了反对男人，而是为了保护我们女人的利益。我们质疑教授为什么不讲女作家的作品，并不是说我们不喜欢那些教授（很多情况下，那些教授都是我们喜欢的人），而是我们想终结课堂和课程里的性别歧视。

20世纪70年代早期在男女混合校园进行的女性主义变革，也在全世界范围内的家庭和工作场所里紧锣密鼓地进行着。女性主义首先督促女性不再将自己和自己的身体视作男人的财产。我们要团结一致，才能对自己的性生活有控制权，获得有效的节育措施和生殖权，让强奸和性骚扰不再发生。为了让女人能改变职场性别歧视的现状，我们要团结起来，游说政府改变公共政策。要想创造出强有力的姐妹情谊，彻底撼动我们的国家，第一步就是要挑战并改变女性的性别歧视思想。

女权运动紧随民权革命运动，在20世纪70年代和80年代改变了我们国家的面貌。让一切成为可能的是那些女性主义活动家，她们在乎所有女性的福祉。我们明白姐妹情谊代表了女性政治结盟，这不只是认可女性的共同经历，也不只是对女性遭受的苦难感同身受。女性主义姐妹情谊根植于对父权制不公正的抗争，不管这种不公正以何种形式存在。女人之间的政治结盟一定能打击性别歧视，为推翻父权制设立舞台。其中重要的一点在于，如果女性个体不愿意放弃自己统治或剥削下层女性群体的权力，那姐妹情谊就永远无法跨越种族和阶级的界限。只要女人还在使用种族或阶级的权力去统治其他女人，我们就无法真正实现女性主义姐妹情谊。

20世纪80年代，越来越多的女人开始投机取巧，她们宣称自己代表女性主义，实际却没有经历女性主义的意识觉醒，没有摆脱内心的性别歧视。相信权力群体应该统治弱小群体的父权制思想依然操控着她们和其他女人的关系。随着女人——尤其是之前没有选举权的白人妇女——开始获得阶级权力，同时又没有去除自身内化的性别歧视思想，女人之间的隔阂开始加深。每当有色人种妇女批评社会中的种族歧视，呼吁大众关注种族歧视如何塑造了女性主义理论和实践，很多白人妇女便毫不犹豫地放弃姐妹情谊，不愿接受任何意见。在女人之间的阶级问题上，情况也是如此。

我记得女性主义妇女——大多数是拥有阶级特权的白人妇女——讨论是否该雇用家政人员的场景。她们想知道能不能既不压迫无特权的女人，也不以非人的方式对待她们。有些女人成功地在自己和被雇用的女性之间创造出正向纽带，这样在性别不平等的大背景下，她们就可以共同改善自身处境。我们不能因为无法实现乌托邦的图景，而放弃姐妹情谊的未来，我们要考虑到每一个参与进来的人的需求。这对女人间的女性主义结盟来说是个难题。令人难过的是，随着投机主义在女性主义里愈演愈烈，随着女性主义的成果变得普遍，从而被视作理所应当，很多女人并不想努力创造并维系女性主义结盟。

很大一部分女性干脆抛弃了姐妹情谊的概念。那些曾经批评或挑战父权制的女性个体，如今已和持性别歧视的男人重新结盟。那些激进女性看到女人之间的负面竞争不断增强，感到被背叛，干脆直接隐退。女性主义原本的目标是改善所有女性的生活，如今却变得阶级固化。姐妹情谊本是女权运动的口号，如今在很多女人看来似乎无关紧要。女性间的政治结盟曾经是能促进正向改变的力量，如今却不断遭到忽视，受到威胁。因此，我们急需投入新的力量帮助女性建立政治结盟，就像女权运动刚开始的时候那样。

当代女权运动刚刚起步的时候，我们有姐妹情谊的愿景，却没有具体的理解，不知道我们要付出什么努力去实现政治结盟。没错，通过经验和实际工作，通过从失败和错误中吸取教训，我们现在有了系统化的理论和实践经验，可以告诉新加入女性主义政治的成员，要做什么才能创造、维系和保护我们的结盟。大量年轻女性对女性主义知之甚少，有很多人错误地以为性别歧视问题已经解决了，在这样的情况下，提升批判意识的女性主义教育必须持续进行。老一辈女性主义思想家不能预设年轻女性在步入成年的过程中，会自然习得女性主义知识。她们需要指导。我们社会里很多女性正在忘却姐妹情谊的价值和力量。改进后的女权运动必须再次举起横幅，宣扬全新的"姐妹情谊力量大"。

激进妇女组织将延续我们建立姐妹情谊的努力，让女人之间的女性主义政治结盟变成延续不断的现实。我们要继续建立超越种族和阶级的情谊，持续落实反性别歧视的思想和实践，让这样的愿景成为现实：女性不需要相互统治，也可以实现自我，获得成功。我们将有幸在日常生活里得知，姐妹情谊是具象且可能的，姐妹情谊依然强大。

第四章

◇

女性主义教育提高批判意识

在妇女研究课程和女性主义文学兴起之前，女性个体是以团体形式学习女性主义的。这些小组里的女人首先创造了女性主义理论，这些理论包括对性别歧视的分析，挑战父权制的策略，以及新的社交模式。我们日常生活中的一举一动都和理论息息相关。不管我们是否有意识地探究过我们形成某种观点、做出某个行动的原因，在我们内心深处，总有一个体系影响着我们的思想和行为。最开始，女性主义理论的首要目标是向女人和男人解释性别歧视思想是如何运作的，我们又将如何挑战并改变它。

在那个时代，我们大多数人都被父母和社会驯化，在社会化的过程中接受性别歧视思想。我们没有时间去探究我们的观念来自何处，而女性主义思想和理论督促我们去进行这样的探究。最开始的时候，女性主义理论依靠口口相传，或者刊登在便宜的简报或小册子上。妇女出版商（女人负责写作、印刷，在营销等各个层面掌控出版流程的出版商）变成了女性主义思想传播的平台。我的第一本书《难道我不是女人吗：黑人妇女和女性主义》在20世纪70年代写成，在1981年由南端出版社（South End Press）出版，南端出版社是一个小型社会主义组织，一半以上的成员是女性主义妇女，所有成员都反对性别歧视。

当代女性主义最有力也最成功的一场行动，便是在重现女性历史的需求下，出版了一系列女性主义文学。由于性别歧视，女性在文学写作或学术领域创造的作品在历史上一直不受重视。女权运动揭露了文学课程中的偏见，让大量被遗忘或忽略的作品得以重见天日。大学里开设的妇女研究专业为我们提供了制度保障，确保有学术力量集中研究女性创作的作品。在往后黑人研究兴起的过程里，妇女研究成了人们从非偏见视角了解性别、了解女性的平台。

和大众观点中的刻板印象不同，妇女研究的教授从来不会唾弃男人的作品；我们的目的是打破性别歧视思想，我们的方法则是向大家展示，女性的作品往往和男性的作品一样优秀，甚至更优秀。我们批评男性创作的所谓伟大文学，仅仅是为了在评估其文学价值的同时，揭露其中的偏见。在我上过的妇女研究课程里，没有哪个人会宣称男人的作品不重要或无价值，我也没有听任何人说过类似的话。女性主义之所以会批评学术界信奉的文学经典全部来自男作家，是为了揭露性别偏见。这些揭露行为对重现女性作品来说至关重要，对于当下出版女性创作的、有关女性的新作品来说也十分关键。

在迈入学术界后，女权运动更进一步。在全国各地的教室里，年轻的头脑有机会学习女性主义思想，熟读女性主义理论，并将理论用于学术探究。在我还是研究生院的学生，准备写毕业论文时，女性主义思想让我得以选择一位当时并不出名的黑人女作家作为话题：托妮·莫里森（Toni Morrison）。在女权运动诞生之前，我们极少看到关于黑人女作家的严肃文学研究。爱丽丝·沃克（Alice Walker）在成名以后，迅速投入到挖掘左拉·尼尔·赫斯顿（Zora Heale Hurston）作品的工作中，很快，赫斯顿成了美国文学史上最经典的黑人女作家。女权运动开启了一场革命，要求人们尊重女性的学术成果，承认女性过去和当下的作品，终结课程内容和教育方法中的性别偏见。

妇女研究的制度化助力了女性主义思想的传播。它为我们稳定输送了一批批思想开放的头脑，让对话成为可能。学生进入妇女研究课堂是为了学习。她们想进一步了解女性主义思想。正是在这些课堂里，我们很多人迎来了政治觉醒。我通过挑战父权制家庭里的男性统治，而靠近女性主义思想。但成为一个剥削或压迫系统里的受害者，或者拒绝成为受害者，并不意味着我们能理解这个系统为什么会形成，也不意味着我们能理解怎么改变这个体系。早在进入大学以前，我就选择跟随女性主义政治，但在女性主义的课堂里，我才真正学习到了女性主义思想和女性主义理论。在那个空间里，我获得了足够多的鼓励，让我能够就黑人女性的经验进行批判性思考与写作。

在整个20世纪70年代，女性主义思想和理论的诞生都是集体合作的结果，女人们在持续不断的谈话中生成新的想法，检验并重塑我们的范式（paradigm）。诚然，当黑人妇女和其他有色人种妇女最初指出种族偏见影响了女性主义思想时，很多人都不愿意相信由拥有阶级特权的女人定义的女性经验居然是有缺陷的，但这么多年来，女性主义理论已经发生改变。即便很多白人女性思想家不需要重新反思自己的观点就能意识到自己的偏见，这种改变也依然重要。等到80年代末期，大多数女性主义学者就已表现出对种族和阶级差异的意识。这些妇女学者投身于女权运动和女性主义结盟，急切地想要创造出能触及大多数女人生活现实的理论。

尽管学术体制对女性主义思想的传播至关重要，但它也带来了一系列挑战。突然之间，直接诞生于理论和实践的女性主义思想所受到的关注变少了，取而代之的是使用晦涩术语、采用元语言学视角的理论；后者的目标读者仅为学术群体。就好像一群女性主义思想家聚在一起，形成一个精英团体，创作的理论只能被"内部"读者所理解。

学术圈外的女人和男人们不再被视为重点读者。女性主义思想和理论不再和女权运动绑定。学术圈政治和职业投机主义掩盖了女性主义政治。女性主义理论局限在学术象牙塔里，很少和外界世界接触。很多学术作品向我们描绘了未来图景，但这些图景很少触及大众。在这个层面上，女性主义思想的学术化让其失去了政治意味，阻碍了女权运动。女性主义和其他学科一样不再激进，唯一的区别只在于前者关注性别。

那些帮助大众了解世界、帮助个体理解女性主义思想和女性主义政治的文献需要重写，需要变成另一种文风和体裁。我们需要特别针对青年文化的著作。还没有人在学术语境下创作过这种作品。在不抛弃妇女研究专业的前提下——事实上，保守派试图摧毁性别平等斗争的成果，这些专业已经受到威胁——我们需要让女性主义研究更扎根于社群。请想象一场扎根群众的女权运动，大家挨家挨户地派发资料，花时间（就像传教团体一样）解释女性主义是什么。

当代女权运动到达巅峰之后，含有性别歧视思想的童书开始遭受批评。"为自由的孩子"所写的书籍开始出现。一旦我们放松警惕，性别歧视就会复现。儿童文学一直是女性主义教育的重点领域，我们要提高批判性意识，是因为这个领域依然在塑造某些观念和身份。狭隘的性别观念依然占据游乐场。女性主义活动家若想继续创造没有偏见的教育课程，公共儿童教育就必将是其中一环。

未来的女权运动需要将女性主义教育想象成每个人生活中重要的一部分。尽管女性主义妇女里有经济优渥的个体，尽管很多女人积累了大量财富，或接受了富裕男性同盟的资助，但我们依然没有给男孩和女孩、男人和女人创办以女性主义为守则的学校。以群众为基础的教育运动本应告诉大众什么是女性主义，没有它们，我们相当于让父权制大众媒体大行其道，如果大众从那里了解女性主义，那他们了解的将大多是负面内容。向大众传授女性主义思想和理论，意味着我们必须超越学术圈，甚至超越文字。普罗大众缺少阅读女性主义著作的技能。有声书籍、歌曲、广播和电视节目都可以用来分享女性主义知识。毫无疑问，我们需要建立女性主义电视网，这和建立面向女性的电视网不一样。网罗资金建立女性主义电视网能帮助我们向全球传播女性主义思想。如果我们没办法建立自己的电视网，那我们就花钱出现在已有的网络上。《女士》(*Ms.*)杂志在被男性（不全是性别歧视者）掌管多年后，终于由献身于女性主义的女人接手。这是往正确方向上迈出了一步。

如果我们无法发起有群众基础的运动，无法向所有人——不管女性还是男性——提供女性主义教育，那女性主义的理论和实践就会被大量主流媒体里的负面信息曲解。如果我们不强调女权运动如何改善了我们所有人的生活，那这些正面成果就无法被这个国家的公民所了解。女性主义为我们的社群和社会都带来了有建设性的影响，但这些成果却经常被主流文化挪用，用于投射女性主义的负面形象。绝大多数人不理解女性主义如何在方方面面都改善了我们的生活。我们要分享女性主义的思想和实践，这样才能维系女权运动。女性主义知识是面向所有人的。

第五章

◇

我们的身体，我们自己：生育权

当代女权运动诞生初始，关注的都是和受过高等教育的白人妇女息息相关的议题（这些妇女大多享有经济特权）。但考虑到女权运动是在民权运动和性解放运动之后形成的，现在来关注与女性身体相关的议题似乎也很合适。在大众媒体向外界展现的画面里，女权运动始于女人在美国小姐选美比赛上燃烧胸罩，后来又发展成女人寻求堕胎机会，但实际上，促进这场运动形成的催化剂其实是性（sexuality）——女人有没有权利选择什么时候和谁发生性关系。在社会主义、民权运动或其他关注社会正义的激进运动里，社会对女性身体的剥削也一直是常见话题。

随着所谓的性革命围绕"自由爱"（通常意味着一个人能和任何喜欢的人发生不限次数的性关系）的议题达到高峰，女性也开始直面非意愿怀孕的问题。若"自由爱"想做到性别平等，那女人就必须拥有安全且有效的避孕方式和堕胎渠道。享有阶级特权的白人妇女个体通常有渠道接触到这些安全措施，但大多数妇女并不拥有。哪怕是拥有阶级特权的白人妇女个体，也往往因为羞愧，不敢充分利用自己拥有的正规医疗资源。在20世纪60年代末期和70年代早期，女人开始宣传堕胎自由，是因为她们见过太多非法堕胎的惨剧，也见过太多女人因为非意愿怀孕被迫步入婚姻。我们很多人的母亲都是有天赋、有创造力的女人，她们的人生因为意外或非意愿怀孕而改变；我们目睹了她们生活的艰辛、她们对生活的愤怒和失望。我们非常清楚，如果没有更好、更安全的避孕措施，如果没有安全、合法避孕的权利，那我们就无法做到对男性与女性而言的真正意义上的性解放。

但现在看来，选择突出堕胎权利，而不是生育权，似乎反映了身处女权运动前线的女人的阶级偏见。纵使堕胎权利和所有妇女息息相关，但我们还有其他生育议题值得关注，这些议题可能会震惊大众，包括但不限于基础性教育、孕期关怀、能帮助女性理解自己身体运作的预防性医疗保健、强制性节育、不必要的剖腹产和子宫切除术，以及它们带来的医疗后遗症。在所有这些议题里，最能让享有阶级特权的白人妇女个体认同的，就是非意愿怀孕的痛苦，所以她们突出堕胎议题。她们绝对不是唯一需要健康、合法堕胎途径的群体。正如前文所述，和贫穷的工薪阶级妇女相比，她们更有可能接触到堕胎渠道。在从前，贫穷的女人（包括黑人妇女）通常会进行非法堕胎。堕胎权不只是白人妇女的事；它也不是美国大众妇女生育问题里唯一的、最重要的议题。

尽管有效的避孕药（由男性科学家研制，他们绝大多数都是反性别歧视者）不一定完全安全，但它的出现依然为女性性解放铺平了道路，甚至比堕胎权影响更深远。这种药最开始大规模投入使用的时候，我正处于青春期后期，因为这种药，包括我在内的大量女性得以免去非意愿怀孕的痛苦和耻辱。负责任的生育控制解放了包括我在内的众多妇女，我们很多人支持堕胎自由，但不一定希望自己亲身经历堕胎。我在性解放的高峰期没有试过非意愿怀孕，不过我的很多同伴把堕胎看作比有意识地、谨慎地使用避孕药物更好的选择。她们经常把堕胎当作生育控制的方式。使用药丸意味着女人要直面自己选择性生活活跃的事实。在男人看来，更决然地选择生育控制的女人在性方面更随意。对一些女性而言，先让性自然而然地发生，再用堕胎处理"问题"更容易一点。现在我们知道频繁堕胎或长期使用雌激素含量高的避孕药并不是零风险，但以前女人愿意为性自由冒这个险，就是为了有选择的权利。

堕胎议题赢得了大众媒体的注意力，是因为它挑战了一条基督教原教旨主义思想：女人之所以存在就是为了生孩子。堕胎议题将全国的注意力引向女性的身体，这一点是其他议题从未做到的。它直接挑战了教会。女性主义思想家后来提出的其他生育议题往往被大众媒体忽视。对大众媒体来说，剖腹产和子宫切除术带来的后遗症不是博人眼球的话题；这些话题实质上引起了人们对由男性控制的资本主义父权制医疗系统的关注，这个体制控制着女人的身体，对女人的身体为所欲为。对大众媒体来说，关注这些领域的性别不平等太激进了，大众媒体依然非常保守，并且在大多数时候是反女性主义的。

在20世纪60年代末期和70年代初期，没有哪个女性主义活动家会想到，我们竟然要在90年代为女人打响一场保卫生育权的战斗。女权运动带动了一场文化革命，让相对低风险的避孕措施变得可接受，安全、合法的堕胎变成可能，在此之后，女人似乎默认这些权利永远不会被质疑。但随着有组织、有群众基础的激进女性主义政治运动的消亡，右翼政治前线组织的反女性主义势力卷土重来（他们凭着对宗教的原教旨主义阐释，将堕胎重新放回政治议程里），如今女性的选择权受到了质疑。

令人难过的是，反堕胎组织热衷于瞄准的，正是那些由国家资助的、价格亲民的（甚至在需要的时候免费的）堕胎服务。由此导致的一个结果是，各种族妇女中有阶级特权的就能继续享受到安全堕胎——继续有选择的权利——而那些经济条件不好的妇女就只能受苦。若政府不再资助和生育权相关的健康医疗服务，那大批贫穷的或工薪阶级的妇女就会失去堕胎的渠道。若她们没有享受安全的、便宜的甚至免费的堕胎服务的权利，那她们就会失去对身体的全部控制。如果我们回到一个堕胎只对有钱女性开放的世界，那我们就有可能看到公共政策让堕胎重新变成非法行为。很多保守的州已经在发生类似的事。各个阶层的妇女必须继续保证堕胎安全、合法、可负担。

女人选择是否堕胎的权利仅仅是生育自由的一个方面。对不同年龄段、不同生活状况的女人来说，生育权里最重要的方面各不相同。一个性生活活跃，但认为避孕药不安全的二十多岁或三十多岁的妇女可能会面临非意外怀孕，那么对她来说，最重要的权利是能接触到合法、安全、可负担的堕胎服务。但当她进入更年期，医生督促她进行子宫切除术时，这方面就将成为她最重要的生育权议题。

在我们试图让有群众基础的女权运动复苏的过程中，生育权将一直是我们的核心议题。如果女人没有权利选择自己的身体将经受什么，那我们就有放弃生活中各项权利的风险。女权运动革新之后，生育权的总体议题将比任何议题都重要。这并不意味着推进合法、安全、可负担的堕胎服务不是核心任务，只是说它不再是唯一的核心话题。如果每个女性都能获得性教育、预防性医疗保健和随手可得的避孕工具，那我们之中就不会有什么人经历非意愿怀孕，那堕胎的需求也会随之消失。

如果合法、安全、可负担的堕胎服务失去支持，那就意味着女人的生育议题失去了支持。反堕胎运动从根本上就是反女性主义的。虽然每个女人可以选择自己是否堕胎，但如果她们要和女性主义政治结盟，她们就要支持女性的选择，也就是支持女性在有堕胎需求时有选择是否堕胎的权利。一些年轻女性一直能接触到有效的避孕措施，她们从未目睹过非法堕胎造成的惨案，无法亲身体会这一点：如果女性没有生育权，那她们遭到剥削就是必然，而且女性在剥削面前是无力且脆弱的。若要让我们在斗争中团结的所有年龄段的女性和男性都能理解生育权为什么重要，我们就必须持续讨论生育权下的各种议题。这份理解是我们努力让所有女性拥有生育权的基石。要想保护并延续我们的自由，女性主义就不能停止关注生育权。

第六章

◇

内在美，外在美

当代女权运动做出的最有力的行动之一，就是挑战关于女性身体的性别歧视思想。在妇女解放运动之前，所有女性（无论老少）都在社会化的过程中接受了性别歧视思想，坚信女人的价值仅仅在于外表，在于我们是否被人（尤其是男人）认为是好看的。女性主义思想家们明白，要想真正解放女性，就必须帮助女性发展出健康的自尊和自爱，于是女性主义思想家直切主题，她们批判性地审视我们对自己身体的看法，为改变现状提供了建设性的意见。这么多年以来，我已经能自在地决定是否穿胸罩，现在回顾，我还记得那个重要的决定是在三十年前做出的。女人脱下了不健康、不舒适、限制行动的衣服——胸罩、束腰、紧身胸衣、袜带等——是一场激进的仪式，标志着我们夺回女性身体的健康和荣光。今天的女性甚至不知道这些束缚曾经存在过，她们只能听我们讲述这场胜利多么意义重大。

从更深的一个层面来看，这场仪式确认了女人在生活各方面都有穿戴舒适衣物的权利。哪怕仅仅是能够穿裤子上班，对很多女人来说就已经很美好了，她们的工作可能需要一直弯腰或前倾身体。对于那些一直不喜欢穿裙子的女人来说，这种变化令人激动。今天的女性从小就可以自由选择想穿的衣服，对于她们来说，这些或许不算什么。很多拥抱女性主义的成年女人不再穿不舒服的、有致残风险的高跟鞋。这些改变让制鞋厂开始为女人制造舒适的低跟鞋。女人不再因性别歧视的传统而被迫化妆，而是看向镜子，学会接受我们原本的样子。

女性主义带来了着装上的改革，这些改革让女性意识到，我们的身体原本的样子（除非女人自己决定去修饰它）就值得被爱、被珍视。最开始的时候，资本主义投资者害怕女性主义会摧毁化妆和时尚行业。他们向大众媒体投钱，让它们将妇女解放运动描述得微不足道，将女性主义者刻画成大块头、超级阳刚，或者又老又丑的样子。在现实中，参与女权运动的人是各种各样的。我们各不相同。不带偏见或竞争意识地去自由欣赏我们的不同，这是一件多么令人激动的事。

在女性主义早期的一段时间里，很多活动家对时尚和外表不抱有任何兴趣。这些人通常会严厉批评那些喜欢花哨的女性化服装或化妆的女人。但我们大多数人都很高兴能有选择。在有选择的情况下，我们通常会以舒适为主。对女人来说，将爱美与舒适结合从来都不容易。女人必须要求（以前完全是由男性控制的）时尚行业制造多种风格的服饰。时尚杂志也随之变化（女性主义活动家呼吁更多女作家加入杂志，杂志上刊登更多探讨严肃话题的文章）。女人必须了解作为消费者的我们购买力的强大之处，并且用这种力量带来积极改变，这在我们国家历史上还是头一次。

挑战由性别歧视思想奠基的时尚行业，这让女性第一次审视我们日常生活里对外貌的执念是多么病态且威胁生命。强迫性暴食和厌食行为开始受到关注。尽管它们"看起来"不一样，但它们都是威胁生命的成瘾行为，有着同样的根基。女权运动强迫性别歧视严重的医药行业关注这些问题。最初医药行业忽视女性主义者的质询，但随着女性主义者开始建立医疗中心，为以女性为中心的、积极的医疗保健创造环境，医疗行业开始意识到，大量女人会将购买力转向这些医疗设施，因为后者为女人的身体提供了更好的关怀、理解和尊重。医疗行业里关乎女性身体、女性健康医疗的所有积极改变，都应该直接归功于女性主义者的斗争。在医疗保健议题上，在认真对待我们的身体上，女性要继续正面挑战医疗体系。这正是女性主义斗争要获得大众妇女（不管她们是否献身于女性主义政治）支持的地方。在妇科议题、相对于男性而言更威胁女性健康的各种癌症（尤其是乳腺癌），以及最近的心脏病议题面前，我们看到了女性团结的力量。

终结进食障碍始终是女性主义要进行的斗争。我们国家着迷于审判各年龄段女性的外表，这种行为到现在都没有结束，还在持续控制着我们的文化想象。20世纪80年代早期，很多女性开始远离女性主义。尽管所有女性都从女性主义变革中受益，但越来越多的女性选择拥抱新型的由性别歧视定义的审美。那些在20岁出头经历了当代女权运动的妇女如今已经四五十岁。尽管女性主义改变了我们对女性身体的看法，让女人看到衰老更为积极的一面，但在父权制社会里，很多女人在面对衰老的事实，尤其在面对无法再生育的事实时，依然会选择拥抱旧时代对女性美的定义，这些观点很多都有性别歧视的意味。

现在有大量超过40岁的异性恋女性依然单身，这在我们国家历史上是第一次。她们发现自己在和年轻女人（很多人以前不是，以后也不会是女性主义者）争夺男人的注意力，于是经常模仿性别歧视观念下的女性美。当然了，对于白人至上的资本主义父权制时尚行业和化妆行业来说，由性别歧视定义的美的观念卷土重来是一件好事。大众媒体也紧随其后。在电影、电视和公共场所的广告里，我们看到头发染成金色的女人们弱不禁风，看上去像几天没吃饭，而这种形象居然已经成为常态。性别歧视思想下的女性美的画面无处不在，威胁着要抵消女性主义斗争取得的进步。

可悲的是，在我们国家的历史里，尽管女性从来没有像今天这样意识到进食障碍对生命的威胁，可还是有众多女性（从年轻到年老）为了变得苗条而挨饿。厌食症成了常见话题，成了图书、电影等的题材。但即使有了这些严肃的警告，女性还是选择相信，她们的价值、美貌和身为人的意义取决于她们有多瘦。如今的时尚杂志可能会在一篇文章里介绍厌食症的危害，同时用纤细身材的画面轰炸读者，让他们相信这代表着极致的美和理想的身材。对那些没有了解过女性主义政治的女性来说，这种矛盾的信息才是伤害最大的。不过近期有女性主义者做出努力，试图重新肯定女性身体的自然美。

如今的年轻女孩厌恶自己的身体，其程度和前女性主义时代的前辈差不多。尽管女权运动催生了很多对女性友好的杂志，但目前还没有女性主义时尚杂志为全体女性提供另一种美的标准。只批判某种性别歧视的形象，却不提供另一种形象，这样的干预是不完整的。批判本身并不会带来改变。确实，很多女性主义者对美的批评只是让女性更加困惑到底什么是健康的选择。作为一个体重达到人生巅峰值的中年妇女，我希望减掉几磅，但我希望我这样做，不是因为我出于性别歧视而厌恶自己的身体。在如今的时尚界，越来越多的衣服似乎只为麻秆儿身材的少女而设计，这一点对于消费者来说已经成为常态。所有女性（无论年龄）都在社会化的过程中有意识或无意识地产生身材焦虑，将自己身上的肉视作问题所在。我们可能有幸地看到一些商店售卖的衣服容得下各种身材的女性，但和服装工业市场生产的大众化的便宜衣服比起来，这些衣服通常价格更高。如今的时尚杂志看上去越来越像以前的杂志，越来越多的作者署名为男性，文章里极少有女性主义视角或内容出现，杂志里描绘的时尚更加有性别歧视倾向。

这些变化都不为大众所知，因为很多女性主义妇女在成熟以后，会运用自由选择的权利，选择其他健康美的标准。但如果我们放弃斗争，不再努力消除性别歧视观念所定义的美，我们就有可能抹去那些了不起的女性主义者所做的努力，过去是她们让我们拥抱自己的身体，拥抱自己，爱自己。尽管所有女性都明白，拥抱性别歧视观念下的女性之美是在踏入危险的陷阱，但在消除这些危险、创造另一种选择上，我们做得还是不够。

如果我们继续允许父权制在各方面干预时尚行业，那以后年轻的女孩和少女就不会知道，女性主义思想家曾经理解美和饰品的价值。若女性主义狭隘地否认女性对美的渴望，那女性主义政治将受到负面影响。尽管这种狭隘思维不常见，但它经常被大众媒体描绘成女性主义者的惯有思维。在女性主义者回归美容行业、回归时尚行业、引领一场可持续发展的革命之前，我们都无法实现自由。我们将无从得知如何像爱我们自己那样爱我们的身体。

第七章

◇

女性主义阶级斗争

早在种族问题之前，阶级差异以及这种差异如何分化女性就已经是女权运动的重要议题了。在新近形成的女性解放运动的大多数白人圈子里，女性之间的最醒目的差异是阶级差别。工人阶级白人妇女认识到阶级等级制度存在于运动中。女性主义改良派（在现有阶级结构下要求妇女享有平等权益）和激进/改革派（要求彻底改变现有结构，让平等双向的模式取代旧模式）之间的矛盾愈演愈烈。然而，随着女权运动持续进行，接受过良好教育的白人妇女获得和男性同胞同等的阶级权力，女性主义阶级斗争开始变得无关紧要。

自女权运动兴起，享有阶级特权的人就能让她们关心的议题变成"女性主义"议题，一部分原因是她们才是受到大众关注的人。她们能吸引大众媒体的眼球。至于工人阶级妇女和普通妇女最在意的问题，大众媒体从来没有关注报道过。在《女性主义的奥秘》（*The Feminist Mystique*）里，贝蒂·弗里丹（Betty Fridan）用"无名的问题"来定义女性被家庭主妇身份禁锢和贬低时的挫败感。这个问题被呈现得像是所有妇女面临的危机，但实际上只是少数受过良好教育的白人妇女的危机。在她们抱怨被束缚的同时，这个国家有很多妇女正在工作着。很多劳动妇女被迫低薪长时间劳动，回家后依然要包揽家务，她们会将留在家里的权利视作一种"自由"。

享有特权的妇女（不管什么种族）并不是因为性别歧视或性别压迫才被隔绝在工作之外，而是因为就算她们去找工作，摆在她们面前的也是低酬劳、没有技术含量的工作，和其他所有劳动妇女面临的一样。受教育程度高的精英阶级女性宁愿待在家里，也不愿去做这些工作，而与此同时中产阶级以下或工人阶级的妇女不得不去做。有些精英妇女偶尔会打破传统，在家庭之外工作，参与到不符合她们教育水平的事务中去，并因此遭到丈夫和家庭的反对。只有在这个时候，她们遭受的反对才将女性出门工作的问题转化为性别歧视问题，才将反对父权制和拥有与同阶级男性平等的权利转化为她们的政治目标，于是她们选择支持女性主义而不是阶级斗争。

从一开始，享有阶级特权的改良派白人妇女就清楚，她们想要的权力和自由是同阶级男性所享有的。通过反抗家庭内的父权制男性统治，她们得以和各阶级的妇女建立联系，因为那些妇女也受够了男性统治。但只有享受特权的妇女才会相信在家庭之外工作能获得自给自足的收入，工人阶级妇女早就知道她们获得的薪水不足以解放她们。

改良派想为身处特权阶级的妇女改善职场生态，提高女职工的酬劳，减少女职工在工作场所受到的性别歧视和性别骚扰，这些对所有女性的生活都有积极影响，这些进步很重要。但特权群体通过阶级权力获利，而大众妇女依然无法获得和男人同等的薪资，这一点说明在改善职场环境、确保女职工同工同酬的问题上，阶级利益已经取代了女性主义的努力。

女同性恋女性主义理论家率先在女权运动中明确提出了阶级问题，她们用通俗的语言表达自己的观点。她们从没想过要依靠丈夫，因此比异性恋同胞更常意识到妇女在职场所面临的困难。在20世纪70年代早期，我们就有夏洛特·本奇（Charlotte Bunch）和南希·麦伦（Nancy Myron）主编的文集《阶级与女性主义》(Class and Feminism)，文集里阶级背景各异的女性在探讨女性主义圈子里的问题，里面的每篇文章都强调说，阶级问题不仅仅是金钱问题。在《最后一根稻草》(The Last Straw)里，丽塔·梅·布朗（Rita Mae Brown）（当时还不是著名作家）明确指出：

> 马克思定义的阶级和生产方式相关，但阶级远不止于此。阶级关乎你的行为、你对事情的预设、你被教导要如何举止、你对自己和他人有何期待、你对未来有何

规划、你如何理解问题并解决问题，你如何思考、感受、行动。

这些妇女进入成员阶级背景各异的女性主义群体，她们首先提出在正视阶级问题之前，不会出现以政治为基础的姐妹情谊，即所有女性团结起来反对父权制。

当我们将阶级提上女性主义议程后，阶级和种族的交叉性就变得显而易见。在制度化的种族、性别、阶级社会体系中，黑人女性显然处于经济等级制度的底层。在女性主义早期阶段，工人阶级出身、受过良好教育的白人妇女会比任何阶级的黑人妇女更引人注目。黑人妇女在运动中是少数群体，但她们更有经验。她们比有阶级特权的同志（无论什么种族）都更明白对抗种族、阶级和性别统治的代价。她们明白为改善经济情况进行抗争是什么体验。她们和享有阶级特权的同志之间始终存在矛盾，在什么行为算是合适、女权运动的核心诉求究竟是什么的问题上，双方始终存在分歧。享有阶级特权的妇女可能从未参与到左翼对自由的抗争中，但通过女权运动，这些妇女了解到了阶级斗争具体的政治内容，正视来自非特权阶级妇女的挑战，也学会了如何以坚定的、有建设性的方式处理冲突。尽管很多人已经提出有建设性的意见，但很多享有特权的白人妇女依然装作女性主义属于她们，就好像女性主义归她们所管。

只有来自特权阶级群体的妇女关切的问题才值得关注，这个观念在主流视野的父权制下得到了强化。改良派女性主义意图在现有的社会结构之下，为女性争取社会平等地位。享有特权的妇女想要和同阶级的男性平等。哪怕她们所处的阶级中存在性别歧视，她们也不会想要工人阶级男性的权力。女性主义想让妇女在社会里与同阶级男性享有平等地位，而白人至上的资本主义父权制害怕非白人取得同等的经济权力和特权，两者不谋而合。若我们支持白人优先的改良派女性主义，我们实际上也在支持占据主流地位的白人至上的父权制，同时削弱女性主义激进的政治理念。

只有改革派女性主义思想家对女权运动的这种同谋表示愤慨。我们的批评和怒火在其他平台得以传播。在文集《黑人种族屠杀的到来》(The Coming of Black Genocide)里，激进的白人活动家玛丽·巴尔福特（Mary Barfoot）大胆提出：

有些白人妇女愤愤不平，感到受伤。她们认为70年代的妇女运动意味着姐妹情，而那些激进的妇女背叛了她们，那些回归家庭、回归父权制的妇女背叛了她们。但妇女运动从来没有离开过父权的怀抱……这里没有战争。没有解放。我们都从种族大屠杀中分了一杯羹，并

> 暗暗自喜。我们都是父权制的姐妹，是国家压迫和阶级压迫的支持者，父权制的最高形式，便是欧洲帝国主义在全球的显现。如果我们是父权的姐妹，想要父权拥有的东西，那我们最后必将支持父权获利的那个制度。

确实，很多女性主义妇女发现消除白人至上思想比消除阶级精英主义要容易。

随着特权群体的妇女获得渠道取得和同阶层男人同等的经济权力，女性主义对阶级的讨论变得不再平常。相反，我们鼓励所有妇女将富裕阶层女性的财富增长视作所有女性享有的好处。事实上，这些增长没有怎么改变贫穷阶层或工人阶级妇女的生活。由于享有特权的男人也没有成为照顾家庭的人，特权阶级的妇女（无论什么种族）要想维持自由生活，就必须要求工人阶级或贫穷阶层的妇女从属于自己。20世纪90年代"妇女解放"的代价就是和现有的社会结构同流合污。最后，阶级权力变得比女性主义更为重要。这种同谋反而动摇了女权运动。

当身处高位、手握权力的妇女与男性的行为方式没有什么不同时，女性主义政治的力量也就被削弱了。很多妇女感觉遭到了背叛。一些中产阶级或下层阶级的妇女被女性主义精神驱使进入职场，却发现出门工作并不意味着男性伴侣会分担家务，因此并不觉得得到了解放。无过错离婚（no-fault divorce）能给男人带来更多的经济利益。很多黑人妇女或有色人种妇女看到特权阶级的白人妇女从经济上获利更多，这一点更加证实了她们的恐惧，即女性主义和日益增长的白人势力密切相关。但女性主义遭到的最大背叛，在于当政府攻击单身母亲、削弱福利系统时，我们竟没有看到有群众基础的女性主义组织抗议示威。享受特权的妇女——很多自称为女性主义者——只想和"贫困的女性化"一刀两断。

在大众媒体中，"强调权力的女性主义"的声音往往比获得阶级特权的女性主义个体的声音更受关注，她们没有背叛我们对没有阶级特权的女性的支持。我们要心向真正的女性主义政治。我们的目标过去是，现在依然是经济独立，同时想办法协助其他妇女获得更好的经济地位。很多人以为女性只有和现有的资本主义父权制同流合污才能在经济上获得独立，而我们的经历有效打击了这种偏见。在这个国家，依然有享受阶级权力的女性主义个体支持改革派提倡的社会变革，她们分享资源，利用自己的权力协助变革，意图改善所有阶级妇女的生活。

只有带动社会变革，挑战阶级精英主义，我们才能实现女性解放的理想。西方妇女享受更大的阶级权力，同时造成了更严重的性别不平等，这是因为全球范围的白人至上父权制在奴役压迫第三世界的妇女。在美国，监狱劳动业蓬勃发展，社会福利蜕变为工作福利，加上移民政策的日益保守，这些都纵容了契约奴工的存在，甚至为此创造了环境。社会福利的终止会让更多妇女和儿童处于不利地位，让他们被现有统治结构不公正对待甚至剥削。

考虑到在我们国家，阶级的图景不断发生变化、贫富差距增大、贫困的女性化越发严重，我们急需一场有大众基础的激进的女权运动。这场运动要汲取过去的力量，同时囊括改革带来的积极成果，并对如今走偏但仍具有启发作用的女性主义理论形成有效的质询。这种运动的愿景要考虑到工人阶级和贫穷阶层妇女的实际情况。这意味着我们要创造新的环境，进行批判性的意识教育，妇女，尤其是享有阶级权力的女性主义妇女，要帮助建设低收入妇女住得起的房子。女性主义理念指导下的公屋项目将向我们展示，女性主义斗争和每个妇女的生活都息息相关。

若享有阶级权力的妇女将女性主义当成投机平台，削弱女性主义政治，维系终将压迫自身的父权制体系，那她们背叛的不是女性主义；她们背叛的是她们自己。只有回归对阶级的讨论，支持女性主义的男人和女人才能再次团结。只有这样，我们才能更好地憧憬一个美好的世界，在那里资源共享，每个人都能获得个人成长的机会，无论身处哪个阶级。

第八章

◇

全球女性主义

全世界的女性主义自由斗士曾经独自对抗父权制和男性统治。考虑到地球上第一批人类不是白人，白人妇女大概率不是第一批反抗男性统治的女性。在白人至上的资本主义父权制掌控的西方文化里，新殖民思想为许多文化实践奠定了基调。我们永远关注谁占领了一片领土，谁有所有权，谁有统治权。当代女性主义政治并没有对新殖民主义做出激进的回应。

身处特权阶级的白人妇女敏捷地宣告她们对妇女运动的"所有权"，将工人阶级白人妇女、贫穷阶层的白人妇女和有色人种妇女都放到了跟随者的位置上。不管有多少工人阶级白人妇女或黑人妇女个体将妇女运动引向更激进的方向都没用。最后，享有阶级权力的白人妇女会宣告她们拥有这场运动，她们是领导者，其他人都只是跟随者。在当代新殖民主义的指引下，寄生式阶级关系超越了种族、国家和性别议题。女性主义也未能独善其身。

美国女性主义领袖最初宣告要性别平等时，并没有去探究相似的运动有没有在全球各地发生，相反，她们只是宣告自己的解放，并以此立场要去解放其他不幸的姐妹，尤其是"第三世界"的姐妹。这种新殖民主义的大家长作风让有色人种妇女只能充当背景，于是只有保守派/自由派的白人妇女才能成为女性主义的真正代表。激进的白人妇女则不被"代表"，即使被代表，也会被描绘成女性主义怪异且微不足道的一部分。难怪20世纪90年代"强调权力的女性主义"会将富裕的白人异性恋妇女描绘成女性主义成功的典范。

事实上，她们抢占了女性主义对平等的叙事，以掩盖自己帮助统治阶级延续白人至上的资本主义父权制的事实。激进女性主义者看到那么多妇女（无论什么种族）一边效忠西方帝国主义和跨国资本主义，一边却挪用女性主义术语，感到十分沮丧。美国的女性主义者呼吁人们关注全球妇女平等问题，这一点是没错的，但问题在于，部分享有阶级权力的女性主义者将帝国主义幻想投射在全球妇女身上，想象美国的妇女比其他群体的妇女拥有更多权利，更加"自由"，因此有权力领导女权运动，为全世界妇女（尤其是第三世界妇女）设定女性主义议程。这种思想只是西方统治阶级男性的帝国主义种族歧视思维和性别歧视思维的变体。

大多数美国妇女不会使用甚至不知道殖民主义和新殖民主义的术语。大多数美国妇女——尤其是白人妇女——还没有将自己的思维去殖民化，依然对非特权群体的妇女或全球范围内的妇女抱有种族歧视、性别歧视和阶级精英主义的态度。当未觉醒的女性主义思想家谈论全球范围内的性别剥削和压迫问题时，她们使用的是新殖民主义的视角。在《夜视：在新殖民主义领域阐明战争和阶级》（*Night-Vision: Illuminating War and Class on the Neo-Colonial Terrain*）里，激进白人妇女作家强调"不理解新殖民主义，就无法真正活在当下"，道出了了解新殖民主义的重要性。既然未觉醒的白人女性主义者不愿意承认她们过的美国生活在某种程度上维系了帝国主义白人至上的资本主义父权制，那黑人妇女、有色人种妇女和我们激进的白人姐妹就要持续不断地抗议，以打破这堵她们否定的墙。

但即便大量的女性主义活动家采用囊括种族、性别、阶级和国家的视角，"强调权力的女性主义"白人仍继续操控着女性主义的形象，将妇女平等和帝国主义挂钩。强迫性割礼，泰国的性俱乐部，非洲、印度、中东和欧洲的妇女面纱等全球妇女议题依然重要。西方女性主义妇女仍在奋力将女性主义思想和实践去殖民化，从而让这些议题不再暗含西方帝国主义叙事。看看那么多妇女——不管白人还是黑人——讨论非洲和中东割礼的方式就知道了。那些国家通常被描绘成"野蛮、不文明"，那些国家的性别歧视被描绘得比美国的性别歧视更残忍、更危险。

去殖民化的女性主义视角首先要审视全球范围内针对妇女身体的性别歧视实践有哪些相似之处。比如：割礼与能致死的进食障碍（文化将苗条当成审美标准的直接后果）、能致死的整形手术有何相似之处。这样我们才能看到全球范围的性别歧视实践和厌女实践与美国的性别歧视是一体两面的。只有以这种视角审视这些议题，我们才能抵抗西方帝国主义叙事，女性主义才不会被跨国资本主义挪用，变成西方妇女卖给其他国家的一件奢侈品（而其他国家只有经过努力斗争才有权享用）。

部分妇女将女性主义置于阶级机会主义的利益之下，若美国的激进妇女不去挑战这种模式，那西方谈论全球女性主义的基调就将一直被那些拥有阶级权力、抱有旧时偏见的人掌控。全球的激进女性主义者每天都在增强妇女间的政治团结，这种团结超越了种族和国籍的边界。主流大众媒体很少关注这些积极的行为。在《仇恨：21世纪的种族和性别冲突》（*Hatreds: Racialized and Sexualized Conflicts in the 21st Century*）里，齐拉·艾森斯坦（Zillah Eisenstein）分享了以下见解：

> 跨国女性主义拒绝不合理的种族/性别边界，拒绝对"他者"的错误建构，这将极大地挑战男性思维主导的民族主义、被扭曲的斯大林共产主义和"自由"市场全球主

义。跨国女性主义进行但也超越北半球/西方与南半球/东方的对话，意识到个体的多元性、自由和平等。

只要研究过全球女性主义的进展，人们就无法否认女性为保障我们的自由做出了巨大努力。没人能否认西方妇女——尤其是美国妇女——为女性主义斗争做出了巨大贡献，我们也需要她们继续做出贡献。全球女性主义的目标是向外延伸，加入全球范围内终结性别歧视、性别剥削和压迫的斗争当中去。

第九章

◇

职业妇女

美国有一半妇女都在职场工作。当代女权运动刚起步时，职场里的女性就已经超过三分之一了。我认识的绝大多数工人阶级的非裔美国妇女都工作，我自己也拥有这样的背景。改良派理论家认为工作可以将妇女从男性统治中解救出来，而我一直对这个论点持批评态度。十多年前，我在《女权主义理论：从边缘到中心》中写道："很多白人女权运动家把工作当作妇女解放的关键，认为职业妇女就是'已经被解放的'妇女。这实际上是在对广大职业妇女说，'女权运动不适合你'。"我很早的时候就知道，低报酬劳动并不能将贫穷的工人阶级妇女从男性统治中解放出来。

改良派女性主义理论家来自特权阶层，她们的首要议程是获得和同阶层男性平等的地位，她们认为有了工作就等于得到了解放，当然她们指的是高薪资、待遇好的工作。这种工作观念和大众妇女没有太大关系。重要的是，女性主义强调工作——这对所有妇女都有影响——实际上强调的是同工同酬。

083

在女性主义抗争之后，妇女在薪资水平和职位上确实获得了更多权利，但这并没有完全消除性别歧视。在如今的大学课堂，男女学生还会争辩女权运动是否已经过时，因为妇女已经获得了平等地位。他们甚至不知道，从平均水平来说，妇女依然没有取得同工同酬的资格，我们的薪资水平只有男性的73%。

我们知道工作不等于将妇女从男性统治中解放出来。社会上有很多高收入的职业妇女，有很多富裕的女性，但她们依然被男性统治。我们知道的是，如果一个妇女有机会取得经济自由，那她就更有可能选择自由，离开一段被男性统治的关系。她离开，是因为她有能力离开。很多妇女拥抱女性主义思想，选择自由，但在经济层面和父权制男性捆绑，离开几乎不可能。在女权运动刚开始的时候，很多妇女就知道工作不一定会解放我们，但这一点也无法改变妇女需要经济独立才能获得解放的现实。当我们不再说工作解放妇女，而说经济独立解放妇女的时候，下一步我们就得思考什么样的工作才能解放妇女。很显然，薪资更高、工作量更适中的工作能更大程度地解放工人。

很多妇女感到愤怒，是因为她们被女性主义思想鼓舞，相信自己能在职场找到自由，最后却发现自己在职场长时间工作后，回家继续长时间工作。在女权运动鼓励妇女外出工作之前，经济萧条就已经迫使很多女性这样做了。就算当代女权运动不曾发生,大量妇女也会进入职场,但如果女性主义者没有挑战性别歧视,我们就很可能不会拥有现在的权利。很多妇女"怪罪"女性主义,认为是女性主义让她们不得不外出工作。但不争的事实是,是消费资本主义促使更多女性走入了职场。在经济萧条的情况下,若那些梦想只做家庭主妇的女性不外出工作,那么中产阶级白人家庭将无法维持自身的阶级地位和生活方式。

女性主义研究向我们证明,女性进入职场有利于她们增强自尊,积极参与社区生活。无论她的阶级如何,那些待在家里做家庭主妇的女性通常会感到孤立、寂寞和沮丧。大多数职工(无论男女)在工作时都会遇到困难,但他们确实感到自己是某种集体的一部分。家庭问题造成的压力可能更大且难以解决,而在职场遇到问题,大家会共同面对,我们不需要独自寻找解决方案。当男性占据大多数工作岗位时,女性则努力让家成为男性的舒适和放松之地。只有在没有男性和孩子在场时,家对女性而言才是放松、舒适和愉悦的地方。若家庭妇女把全部时间都用来满足他人的需求,那家对她们来说就更像是工作场所,而不是一个放松、舒适和愉悦的地方。或许对单身女性来说,离开家庭、外出工作最能解放她们(她们中许多人独居,可能是也可能不是异性恋者)。但大多数女性甚至无法找到令人满意的工作,她们参与职场工作的同时,她们的家庭生活质量却降低了。

对那些受过高等教育、之前未就业或不稳定就业的特权女性来说，只要女性主义改变就业歧视的现状，她们就能获得更令人满意的工作机会，实现经济独立。然而，她们的成功并没有改变大多数妇女的命运。多年前在《女权主义理论：从边缘到中心》一书中，我就这样写道：

> 只有将改善女性职场条件作为核心议程，同时为所有阶层的失业妇女争取更好的工作机会，女性主义才能解决所有女性的问题。若女性主义过度关注职业主义，只顾让女性进入高薪职业，这一点不仅会使大多数妇女疏远女权运动，还会使女性主义活动家忽视一点，即中产阶级女性大量进入职场并不意味着女性这个群体获得了经济权力。如果她们关注贫困妇女和工薪阶级妇女的经济状况，她们就会看到，失业问题日益严重，各个阶层的女性都在大规模加入贫困人口的行列。

贫困已经成为女性的核心问题。白人至上的资本主义父权制试图破坏我们社会的福利体系，甚至阻止贫困妇女获得最基本的生活必需品——住所和食物。事实上，保守派政治家提供给妇女的解决方案是回到由男性主导的父权制家庭，男性充当物质提供者。他们忽视了妇女和男性都面临大规模失业的现实，忽视了工作机会根本不足的事实，许多男性即使有工资也不愿意为妇女和孩子提供经济支持。

目前女性主义议程没能提供一种出路、一种重新思考工作的方式。由于我们社会的生活成本很高，对包括妇女在内的大多数工人来说，工作并不能实现经济独立。然而，如果妇女们想摆脱男性主导，自由选择，实现自我，那经济独立是必不可少的。

实现经济自足的生活图景必然与由白人至上的资本主义父权制媒体呈现的美好生活形象相抵触。为了过上充实而美好的生活，让我们在工作中既能增强自尊，又能获得足够支撑生活的薪水，我们要推行工作分担计划。各领域的教师和服务工作者需要得到更高的工资。希望留在家里照顾孩子的妇女和男性应该获得国家资助的工资，还应该有能让人在家完成高中学业并攻读研究生学位的家庭学校项目。随着技术的发展，留在家里的个人应该能够通过观看大学课程的视频来学习，再在课堂环境中度过一些时间。如果政府批准福利支出而不是战争支出（军费开支），如果所有找不到工作的公民都有资格合法获得一两年的国家援助，那么福利制度带来的负面效果将不复存在。如果男性也能平等获得这些福利，那么福利制度也不再带有性别歧视的污名。

贫穷加剧了阶级分化，将贫困妇女与特权妇女隔离开来。事实上，我们社会中那些拥有阶级权力的女性精英群体，特别是那些富有的女性，她们所获得的权力是以剥夺其他妇女的自由为代价的。目前已经有一些拥有阶级权力的妇女小团体通过经济计划搭建平台，为相对贫困的妇女提供援助和支持。一些富有的女性（尤其是拥有世袭财富的女性）依然致力于女性主义解放。她们加入建设参与型经济（participatory economics），表现出对非特权阶级妇女的关切和团结的决心。目前，这些个体只是少数，但随着她们的工作变得更为人所知，她们的队伍将不断壮大。

三十年前，当代女性主义者想象不到我们的社会工作领域将要发生的变化。她们没有意识到大规模失业将成为更普遍的现象，女性可能在为不存在的工作做准备。她们没有预见到保守派对福利制度的攻击（有时自由派人士也参与其中），没有预见到那些没有钱的单身母亲将会因为她们的经济困境而受到责备或被妖魔化。所有这些未曾预见的现实，都需要有远见的女性主义思想家重新思考解放和工作之间的关系。

虽然有很多女性主义研究向我们展示了妇女在当今职场中的角色，以及职场如何改变她们的自我认知，如何改变她们在家庭中的角色，但目前没有太多研究告诉我们，大量妇女步入职场是否改善了男性的支配地位。许多男性将自己失业归咎于妇女就业，认为妇女就业导致他们丧失了作为养家糊口的大家长的身份，哪怕这个身份从来都是虚构的。女性主义未来的重要议程之一，就是向男性揭示妇女参与工作的本质，让他们看到妇女在职场中并不是他们的敌人。

高薪与否，妇女都已经在职场中工作了很长一段时间。许多妇女发现工作并不像女性主义乌托邦设想的那样有意义。如果女性工作只是为了赚更多的钱来消费，而不是为了在各个层面提高生活质量，那工作就不会让女性获得经济独立。如果我们的财富没有被用来增进幸福，那更多的金钱并不等于更多的自由。重新思考工作的意义是未来女权运动的一项重要任务。帮助妇女摆脱贫困，或让她们在物资相对匮乏的情况下也过上美好生活，这两点对于女权运动的成功至关重要。

早期的女权运动并没有把妇女经济独立当作主要目标。然而，通过解决妇女的经济困境，我们最终可能建成一个女性主义平台，吸引广大群众的回应。妇女贫困问题很可能成为集体组织的立足点，成为团结所有妇女的议题。

第十章

◇

种族与性别

没有什么比要求女性主义思想家承认种族主义存在更为彻底地改变了美国女性主义的面貌。这个国家的所有白人妇女都知道，她们的地位与黑人/有色人种妇女不同。她们从小女孩时期开始就知道这一点，看电视的时候，她们只看到自己的形象，翻看杂志时，也只看到自己的形象。她们知道非白人缺席/不可见的唯一原因就是他们不是白人。这个国家的所有白人妇女都知道，白人身份是一种特权。白人女性选择压抑或否认这一点并不意味着她们无知；这意味着她们在拒绝接受现实。

在这个国家，没有哪个白人妇女群体比那些在民权斗争中积极参与的政治觉醒的白人女性更了解她们的地位与黑人妇女不同。白人妇女的日记和回忆录里都记载了这段历史，说明她们有这种认识。很多这样的人从民权斗争转向妇女解放，并引领女权运动，但在女权运动中，她们否认自己在民权斗争中亲历亲见的这种差别。她们确实参与了反种族主义的斗争，但这并不意味着她们已经摆脱了白人至上主义的观念。她们认为自己比黑人女性更优越、更有见识、更适合"领导"一场运动。

在很多方面，她们追随的是她们的废奴主义祖先的脚步。那些废奴主义祖先曾经要求每个人（包括白人妇女和黑人）都获得选举权，但是当黑人男性有可能获得选举权，而她们却因为性别而被剥夺时，她们选择与男性结盟，在白人至上主义的旗帜下团结一致。当代白人女性看到黑人为争取更多权利提出激进的要求，便选择那个时刻来为自己要求更多的权利。其中一些人声称，正是在为民权而努力的过程中，她们意识到了性别歧视和压迫。但如果这是全部真相的话，她们对差异新形成的政治认识本应能够延伸到她们对当代女权运动的理论构想中。

她们加入了运动，却否认差异，没有将种族问题和性别问题并列，而是将种族问题从图景中剔除。将性别问题置于闪光灯前，意味着白人妇女可以成为主角，可以一边呼吁所有女性一起加入，一边宣称这个运动是她们的。女权运动起初并未认真对待种族差异，也没有认真对待反种族主义斗争，所以唤起的姐妹团结的乌托邦愿景并没有引起大多数黑人/有色人种妇女的共鸣。那些在运动萌芽时期就活跃在前线的黑人妇女，后面也一直不离不弃地坚守着运动阵营。在运动刚开始时，种族融合还很罕见。许多黑人刚刚开始学会如何平等地与白人打交道。难怪一些黑人妇女会选择女性主义道路，却不愿意引入她们对种族问题的认识。在她们的世界里，白人妇女主要作为剥削者和压迫者而存在，她们看到白人妇女唤起姐妹团结一定非常震撼。

在20世纪70年代末和80年代初，一代年轻的黑人/有色人种妇女挑战了白人女性的种族主义。与我们的年长的黑人妇女盟友不同，我们大部分人在以白人为主的环境下接受了教育。我们大多数人从未处于屈从白人女性的位置，我们大多数人没有外出工作过，我们从未被定位为某个特定角色。因此我们更有能力在妇女运动内部批判种族主义和白人至上主义。个别白人妇女试图以女性所受的共同压迫为运动旗帜，建构妇女作为一个性别阶级/等级的概念，她们是最不愿承认妇女之间差异的人，而这些差异实际上比女性共有的经历更加显眼。种族就是其中最明显的差异。

在70年代，我写下了《难道我不是女人吗：黑人妇女和女性主义》的初稿。我当时19岁，也从来没有全职工作过。我从南方一个种族隔离的小镇来到了斯坦福大学。虽然我在成长过程中一直在抵制父权制思想，但大学是我接受女性主义政治的地方。在那里，作为唯一一个在女性主义课堂和意识觉醒活动中出现的黑人女性，我开始从理论上探讨种族和性别问题。在那里，我开始要求人们意识到种族偏见在影响女性主义思维，并呼吁人们做出改变。在其他地方，一些黑人/有色人种妇女也在提出同样的批判。

在那个时代，那些不愿面对种族主义和种族差异现实的白人妇女指责我们是叛徒，认为我们引入了种族问题，错误地认为我们是在将焦点从性别问题转移开来。实际上，我们所求的是真实地看待女性的地位，并且要求这种真实的理解成为女性主义政治的基础。我们的目的不是削弱姐妹团结的愿景，而是建立一个具体可行的政治团结体，使真正的姐妹团结成为可能。我们知道，如果白人妇女不能摆脱白人至上主义，如果女权运动不是从根本上反对种族主义，那么白人妇女和有色人种女性之间就不可能有真正的姐妹团结。

批判性地介入种族问题并没有摧毁妇女运动；相反，它让妇女运动变得更加强大。承认种族问题让妇女能够面对各个层面的现实差异。我们终于建立了一个不将特权妇女，尤其是白人妇女的阶级利益置于其他所有妇女之上的运动。我们构建了姐妹团结的愿景，让我们所经历的现实都能够被说出来。当代还没有哪个社会正义运动，能让人们进行女性主义思想家之间进行的那种种族辩证交流，这种交流让人们重新思考女性主义理论和实践。女权运动的参与者能够面对批评和挑战，同时依然全心全意地致力于正义和解放的愿景，这一事实证明了女权运动的力量和能量。它向我们展示，无论过去女性主义思想家有多么误导人，她们改变的意愿、为斗争和解放创造条件的意愿，也始终比坚持错误的信仰和假设的需求更强烈。

多年来，我见证了白人女性主义思想家拒绝承认种族问题的重要性，她们拒绝摆脱白人至上主义，不愿承认只有反种族主义的女权运动才能成为真正姐妹团结的政治基础。但我也见证了一些妇女开始承认种族差异，开始摆脱白人至上主义思维，这些改变为她们的意识带来了革命性变化。这些巨大的变化恢复了我对女权运动的信心，并加强了我对所有妇女的团结感。

总体而言，批判性介入种族问题的讨论对女性主义思想和女性主义理论都带来了益处。现在唯一的问题就是将理论转化为实践。虽然一些白人妇女已经将对种族问题的分析纳入到女性主义学术研究中，但这些见解并没有对白人女性和有色人种女性之间的日常关系产生太大影响。我们社会仍然存在种族隔离，女性之间的反种族歧视互动也因此变得困难。尽管工作环境各异，绝大多数人仍然只和他们自己群体的人互动。种族主义和性别歧视结合起来在女性之间形成了有害的屏障。到目前为止，女性主义试图改变这种状况的策略并没有太大用处。

那些已经克服困难、创造了爱的纽带和政治团结空间的白人女性和有色人种女性要共享成功的方法和策略。到目前为止，几乎没有人关注不同种族的女孩之间的关系。有女性主义研究试图表明白人女孩在遭遇性别社会化时比有色人种女孩更脆弱，但这些有偏见的研究只是延续了白人至上主义的假设，即白人女性需要并且应该得到比其他群体更多的关注和照顾。事实上，尽管有色人种女孩可能表现出与白人女孩不同的行为，但她们也在内化社会性别，而且更有可能受到无法弥补的性别歧视伤害。

女权运动，尤其是有远见的黑人活动家对运动的贡献，为重新考虑种族和种族主义问题铺平了道路，这对我们整个社会都产生了积极影响。主流社会很少承认这一事实。作为一名女性主义理论家，我就女权运动内部的种族和种族主义问题撰写了大量文章。我知道仍然有很多需要挑战和改变的地方，但同样重要的是庆祝已经发生的巨大变化。庆祝、理解我们的胜利，并将这些胜利作为榜样，相信它们可以为建立大规模反种族主义的女权运动提供坚实的基础。

第十一章

◇

终结暴力

迄今为止，当代女权运动最有成效的举措，就是让我们认识到家庭暴力的存在，以及改变现状需要付出的想法和行动。如今，家庭暴力问题在大众媒体、中小学等领域都受到关注，但我们常常忘记，当代女权运动曾是揭露家庭暴力现实的重要力量。起初，女性主义关注的家庭暴力，主要是男人对女人施暴，但随着运动的发展，有证据显示同性关系中也存在家庭暴力，与女人建立关系的女人往往也是受害者，而儿童则是女人和男人实施的成年人父权暴力的受害者。

家庭中的父权暴力相信，通过各种形式的强制手段来控制他人是可以接受的行为。这种对家庭暴力更广泛的定义包括男性对女性的暴力、同性关系中的暴力，以及成年人对儿童施加的暴力。使用"父权暴力"这个术语的意义在于，与更常用的短语"家庭暴力"不同，它不断提醒听众，家庭内的暴力与性别歧视和男性统治有关。很长一段时间以来，"家庭暴力"这个词被视作一种比较"轻柔"的说法，暗示它发生在私密环境中，似乎比在家庭外发生的暴力更为安全，不那么有威胁、不那么残酷。但实际上情况并非如此，因为在家庭中，女性受到殴打和谋杀的情况比在家庭外更为常见。此外，大多数人将成年人之间的家庭暴力与对儿童的暴力视为两个独立且不同的问题，而实际上并非如此。很多时候，儿童在试图保护被男性伴侣或丈夫攻击的母亲时会遭受虐待，哪怕只是目睹暴力和虐待也会受到情感上的伤害。

这个国家的绝大多数公民都相信同工同酬，他们也认为男人不应该殴打女人和儿童。然而，当他们被告知家庭暴力是性别歧视的直接结果，并且不会在性别歧视结束之前终止时，他们觉得很难接受这种逻辑，因为这需要挑战并改变我们对性别的根本看法。值得注意的是，认为女权运动需要终结一切形式的暴力的女性主义理论家很少见，而我是其中之一。针对女性的父权暴力应该是女权运动的首要关注目标。然而，强调男性对女性的暴力，并暗示这比所有其他形式的父权暴力更可怕，这样其实无助于女权运动的发展。这种观念掩盖了这样一个事实，即许多父权暴力实际上是由性别歧视的女人和男人对儿童实施的。

在强烈呼吁关注男性对女性的暴力的努力中，改良派女性主义思想家仍然经常选择将女性描绘为永远且唯一的受害者。然而，许多女性也会实施对儿童的暴力袭击这一事实却没能得到其同等的重视，甚至不被视为父权暴力的另一种表现。我们现在了解到，儿童不仅会受到父权暴力的直接侵害，而且在被迫目睹暴力行为时也会受到心理伤害。如果所有的女性主义思想家都能对女人实施的父权暴力表示谴责，并将它视为与男人对女人的暴力一样糟糕，那么公众也就很难将女性主义对父权暴力的关注视为反男运动的一环。

那些经受过女人实施的父权暴力的成年人知道，无论调查结果如何表明女人更倾向于使用非暴力手段，女人也并非不具有暴力倾向。事实是，儿童无法形成有组织的声音，向我们揭露他们多么频繁地成为女性暴力的对象。如果不是大量儿童因为受到女人和男人的暴力而寻求医疗帮助，我们可能甚至不会有女性暴力的相关记录。

我最初在《女权主义理论：从边缘到中心》的"结束暴力的女权运动"一章中提出了这些关注点。我强调：

> 对于持续的女权斗争而言，将这场斗争视为全面结束暴力运动的一部分至关重要。到目前为止，女权运动主要关注男性暴力，这反而加剧了性别刻板印象，暗示男性是暴力的，女性则不是；男人是施虐者，而女人则是受害者。这种思考方式使我们忽视了在社会中，女人其实（在与男人一同）接受并维系这样一个观念，即占

主导地位的一方或团体可以通过使用强制手段维持对被统治者的权力。这种思维方式也让我们忽视了女人施加权威或暴力对待他人的可能性。虽然女人可能没有像男人那样经常实施暴力行为,但也并不能否认女性暴力的存在。如果我们想消除暴力,那我们就必须先将男人和女人共同视为施加暴力的群体。

一个母亲可能从不使用暴力,但她向自己的孩子,尤其是自己的儿子灌输了实施暴力是可接受的控制手段的观念,这仍然是在与父权暴力勾结。她的思维必须发生改变。

显然,大多数女人并不会使用暴力来支配男人(尽管有极少数女人会对与其共同生活的男人实施暴力),但许多女人相信,拥有权威的人有权使用暴力来维护权威。许多父母在对待孩子时会采取某种形式的身体或口头攻击。由于女性仍然是孩子的主要照顾者,这些事实向我们证实,在一种以统治为文化基础的等级体系中,(在亲子关系里)拥有权力的女人往往也会用强制手段来维持统治。在一种以统治为特征的文化中,每个人都会被社会化,他们将暴力视为一种可接受的社会控制手段。在权威体系中,主导方通过(实施或可实施的)身体或精神上的惩罚来维持权力,这点在男女关系或父母与子女的关系中都成立。

尽管男性对女性的暴力已经引起广泛的媒体关注（如O.J.辛普森案之类的法庭审判），但这种认识并没有促使美国公众追问这种暴力的根源，也没有让公众挑战父权制。性别歧视的思维仍不断支持着男性统治，也维护着男性统治导致的暴力。在白人至上主义的父权制度下，大量失业男性或工薪阶层男性在工作中感到无力，他们相信家庭是自己唯一能拥有绝对权威和尊重的地方。男性在公共领域被统治阶层社会化，他们在工作中任人支配，却要在家庭和亲密关系的私人领域获得权力感，以此恢复自己的男性气质。随着越来越多的男人从事低收入工作，更多的女人参与工作，一些男人感到使用暴力是他们建立和维持权力，以及在性别角色中保持支配地位的唯一途径。性别歧视的思维告诉他们，他们有权通过任何手段统治女性，因此，在他们改变这种思维之前，男人对女人的暴力将持续成为常态。

早期的女性主义活动家们很少将男人对女人的暴力与帝国主义或军国主义相提并论，因为反对男性暴力的人通常接受甚至支持军国主义。只要性别歧视思维继续将男孩社会化为"杀手"，那无论是儿童游戏中的好人与坏人之间的战斗，还是维系国家强权的帝国主义，父权暴力对女性和儿童的暴力都将继续存在。近年来，来自不同阶层背景的年轻男性犯下了可怕的暴力罪行，虽然国家对这些行为进行了谴责，但几乎没有人试图将这种暴力与性别歧视思维联系起来。

我在《女权主义理论：从边缘到中心》中关于暴力的章节里强调，不是只有男性接受、容忍并延续暴力，从而创造出一种暴力文化，女人也参与其中。我希望女性也意识到自己在容忍暴力方面所起的作用：

> 如果我们只关注男人对女人的暴力，或者将军国主义视为男性暴力的另一种表达，那我们就无法真正解决暴力问题，也很难制定可行的抵抗策略和解决方案……我们无须轻视男人对女人、对国家或对地球施加暴力的严重性，但同时也必须承认，男人和女人共同使美国文化成了暴力文化，两者必须共同努力转变并重塑这种文化。女人和男人必须反对将暴力用作社会控制手段的所有表现形式：战争、男人对女人的暴力、成年人对儿童的暴力、青少年暴力、种族暴力等。女权运动的关注点必须从"终结男人对女人的暴力"扩展到"终结一切形式的暴力"。

尤其重要的是，父母要学会以非暴力的方式教育子女。如果暴力是他们处理难题的唯一方式，那我们的孩子就永远无法远离暴力。

在我们的国家，许多人关心暴力问题，但拒绝将暴力与父权思维或男性统治联系起来。女性主义思想提供了一个解决方案。现在轮到我们将这个解决方案摆在大众面前了。

第十二章

◇

女性主义的男性气质

当代女权运动刚起步时，曾有过一股激烈的反男潮流。一些异性恋女性在亲密关系里感受到男性的残酷、恶意、暴力和不忠，从而参与到反男运动中。她们在亲密关系里遇到的这些男性很多是激进的思想家，参与社会正义运动，代表工人、穷人大声疾呼，关注种族正义，但在性别问题上，却和保守的同僚一样存在歧视。一些女性在亲密关系中遭到伤害，怀着愤怒的情绪加入了运动。她们将这种愤怒化为妇女解放的催化剂。随着运动发展，女性主义思想不断进步，开明的女性主义活动家认识到男性并非问题所在，父权制、性别歧视和男性统治才是问题所在。认识到问题并不仅仅出在男性身上并不容易，这种认识需要更为复杂的理论思考，需要承认女性也有可能维护性别歧视。随着越来越多女性挣脱有害的两性关系，事情全貌变得越来越清晰。人们开始意识到，即使个别男性放弃了父权制的特权，父权制、性别歧视和男性统治的体系仍毫发无伤，女性仍将受到剥削和/或压迫。

保守的大众传媒经常将女性主义者描绘成憎恨男性的人。当运动中出现反男性的派别或情绪时，大众媒体往往浓墨重彩地报道，以贬低女性主义。将女性主义者描绘为恨男者，其潜在的假设是所有女性主义者都是女同性恋者。大众传媒利用群众恐同的情绪，加剧了男性中的反女性主义情绪。在当代女权运动发展的头十年里，女性主义思想家开始讨论父权制对男性的危害。在强烈批评男性统治的同时，女性主义政治让我们了解到，父权制也会剥夺男性的某些权利，强迫他们成为性别歧视的男性。

反女性主义的男性一直拥有强大的话语权。那些恐惧或憎恨女性主义思想和女性主义活动家的男性迅速集结起来，攻击女权运动。但从运动初始，就有一小群男性意识到，女权运动与我们国家历史上的其他激进运动一样，都是为了促进社会正义而展开的合法运动，而那些激进运动都曾得到男性的支持。这些男性成了我们斗争的同志和盟友。在运动中活跃的异性恋女性常常与那些正在努力接受女性主义的男性保持亲密关系。他们是否转而认同女性主义思想，取决于他们是愿意迎接挑战，还是甘愿终止亲密关系。

在女权运动内部，反男派别对反性别歧视的男性的存在感到愤慨。这些男人的存在打破了她们坚持的观点，即所有男性都是压迫者，或所有男性都憎恨女性。但正是因为这种观点存在，那些试图跨越阶层、进入父权制权力形式的女性主义者才得以将男性和女性置于二元对立的关系，将我们列入清晰的压迫者/被压迫者的类别中。反男派别将所有男性描绘为敌人，以此来揭示所有女性都是受害者。她们对男性的关注掩盖了其对个别女性主义活动家的阶级特权以及这些活动家们对阶级权力的关注。那些呼吁所有女性都要拒绝男性的活动家拒绝承认女性与男性之间存在共情纽带，也拒绝承认女性在经济和情感上可能与性别歧视的男性存在纽带（无论是积极的还是消极的）。

一直有女性主义者呼吁将男性视为斗争中的同志，但她们从未受到大众传媒的关注。我们在理论上反对将男性妖魔化为敌人，但这并没有改变那些反男妇女的观点。我们对男人形象的负面呈现，也导致男人发展出反女性的男性运动。在我写的有关"男性解放运动"的文章中，我呼吁大家关注支撑该运动的机会主义：

> 这些男人将自己视为性别歧视的受害者，努力解放男性。他们认为固有的性别角色是他们受害的主要来源。尽管他们希望改变人们对于什么才是男性气质的传统观念，但他们对于女性遭受的性别剥削和压迫并不特别关心。

在许多方面，男人解放运动模仿了妇女解放运动中最糟的一面。

尽管女权运动内部的反男派人数不多，但要改变公众心中对女性主义者憎恨男性的想象一直很困难。当然了，通过将女性主义者描绘为憎恨男性的人，男性可以将注意力从对男性统治的问责中转移开来。但如果女性主义理论展现出更多解放男性气质的可能性，那任何人都不可能将妇女运动曲解为反男运动。女权运动未能吸引到足够的女性和男性，很大程度上是因为我们的理论并没有解决以下两个问题：男性如何成为反性别歧视者，更重要的是，反性别歧视的男性气质可能是什么样子。目前女权运动或男性解放运动只对父权制男性气质提出了一个替代方案，就是让男性变得更"女性化"。这种观念恰恰来自性别歧视的思维，而且无法将其替代。

我们需要想象一种新型男性气质，它的身份基础来自自尊和自爱（相信自己是独特的存在）。目前的男性统治文化会攻击自尊，诱导我们从对他人的支配中获得存在感。在父权制男性气质的教导里，男性的自我认知和身份，以及他们存在的理由，都存在于他们支配他人的能力中。要改变这一点，男性必须批判并挑战自己对地球、对较弱势男性、对女性和儿童的统治。但他们也必须对女性主义理想的男性气质有一个清晰的想象。不然，你要如何变成你无法想象的东西呢？但这个理想至今尚未被女性主义思想家（无论男女）明确勾勒出来。

在追求社会正义的革命运动中，我们往往更善于指出问题，而不是设想解决方案。我们清楚，父权制男性气质鼓励男性表现出病态的自恋、幼稚，从内心深处依赖因为生而为男享有的特权（无论是相对的还是绝对的）。许多男性认为，如果这些特权被剥夺，他们将无法构建出有意义的身份认同，他们的生命也就会受到威胁。这就是为什么男性解放运动尝试教导男性重拾他们的感情，找回内心那个失落的男孩，培养他的灵魂和精神成长。

我们需要更多面向男孩读者的女性主义文学，让他们学习如何不以性别歧视为基础建构身份。反性别歧视的男性在培养批判性意识时几乎没有关注到男孩，尤其是青少年男性的发展。也是因为这方面的空白，现在国家开始关注男孩成长话题，而女性主义视角很少或几乎没有成为讨论的一部分。可悲的是，我们正目睹厌女观念卷土重来，它们声称母亲无法培养健康的儿子，声称男孩"受益"于强调纪律和服从权威的父权军事化男性气质。男孩需要健康的自尊。他们需要爱。明智而充满爱心的女性主义政治可以为拯救男童提供无可替代的基础。父权制不能治愈他们。如果可以的话，他们一开始就不会出现问题。

这个国家大多数男性对于自己的身份本质感到困扰。他们依附于父权制而存在，同时也觉察到父权制是问题的一部分。当下就业竞争激烈，工作报酬过低，女性的权力不断增加，那些不富裕也不强大的男性开始迷失自我。白人至上主义的资本主义父权制无法实现其自身的承诺。许多男人之所以感到痛苦，是因为他们没有参与到解放性别的批判中来，而参与此类讨论能使他们认识到，这些承诺本来就以社会不公和支配为先决条件，哪怕得以实现，也无法引导男人走向辉煌。他们一边痛斥解放运动，一边归顺白人至上的资本主义父权制思维方式，像年轻男孩们一样陷入迷茫。

女性主义应该想象一种新的男性气质，这种男性气质要能拥抱女性主义，热爱男孩和男性，并为他们争取与女孩和女性一样的权利。这样的想象可以为美国男性带来改变。女性主义思考告诉我们所有人，对正义和自由的热爱能够以促进和肯定生命的方式进行。显然，我们需要新的战略、新的理论、新的指南，以创造一个女性主义的男性气质蓬勃发展的世界。

第十三章

◇

女性主义的养育方式

对儿童的关注是当代激进女权运动的核心组成部分。女性希望用非性别歧视的方式抚养孩子，以创造一个不再需要反性别歧视运动的未来。最初，对儿童的关注主要集中在性别角色以及它们如何从出生起就被强加给儿童这两方面。女性主义者对儿童的关注几乎总是集中在女孩身上，攻击对女孩的性别偏见，并推动新形象的建立。女性主义者有时也会提到以反性别歧视方式抚养男孩是必要的，但在大多数情况下，女性对父权制的批判中，坚信所有男性比所有女性都过得更好的观念也被延续下来了。这种观念认为，男孩总是比女孩享有更多的特权和权力，这也进一步引导了女性主义者将关注重点放在女孩身上。

在面对家庭内部的性别歧视时，女性主义者面临的主要挑战是，母亲往往会成为性别歧视思想的传播者。即使在没有成年男性的家庭中，女性也会教导孩子性别歧视的思想。讽刺的是，许多人默认只要是女性主导的家庭都是母权家庭。实际上，在父权社会中领导家庭的女性通常会因为男性形象的缺失而感到内疚，并且对于向孩子（尤其是男孩）灌输性别歧视的价值观非常警惕。近来，主流保守派专家们对各阶层和种族的年轻男性发动的一系列暴力行为做出回应，提出单身女性不可能抚养出一个健康的男孩。这话说得不对。事实表明，我们社会中有一些最有爱心、最有力量的男性是由单身母亲抚养成人的。需要强调的是，大多数人认为一个女性独自抚养孩子，尤其是儿子，会无法教育出一个具有父权男性特质的男孩，但这并不是事实。

在白人至上主义、资本主义、父权制文化主导的社会中，儿童是没有权利的。女权运动是这个社会中第一个呼吁关注儿童权利的社会正义运动，它指出我们的文化不关爱儿童，一直将儿童视为父母任意支配的财产。在我们的社会中，成年人对儿童的暴力是一种常态。问题在于，在大多数情况下，女性主义思想家不愿意正视一个现实，即妇女往往是日常对儿童施加暴力的主要罪犯，因为她们是儿童的主要照顾者。虽然女权运动指出，家庭内部的男性统治经常导致男性虐待儿童的现象，虽然这一点非常重要，也是具有远见的，但事实是，大量儿童每天都受到妇女和男人的口头虐待和身体虐待。母亲的施虐倾向往往导致妇女对儿童进行情感虐待，而女性主义理论尚未就成年女性向儿童施暴这一现象提供批评或干预。

在我们这个强调统治的文化里,儿童没有公民权利,那些拥有权力的成年男女就会以专制对待儿童。所有医疗数据都显示,儿童每天都在遭受暴力虐待。许多这种虐待是危及生命的,许多儿童因此丧生。女人和男人一样使用暴力,甚至更愿意持续暴力行为。女性主义思想和实践拒绝直面成年女性对儿童的暴力,这是一个重大缺陷。只强调男性统治容易让女人(包括女性主义思想家在内)忽视女人虐待儿童的事实。女人也会虐待儿童,是因为我们都在社会的规训下接受了父权思想,接受了一种统治伦理,即强者有权统治弱小的无权者,并可以使用任何手段使他们屈服。在白人至上主义、资本主义、父权制的社会等级中,男性对女性的统治被默许,成年人对儿童的统治也是被默许的。但没有人愿意关注虐待儿童的母亲。

我经常讲述在一个豪华晚宴上发生的故事。在晚宴上,一个女性描述她是如何管教她年轻的儿子的,只要能控制住他,她就会用力地夹住他,紧紧掐住他的肉。所有人都为她严厉的管教行为而鼓掌。我告诉大家,这种行为是虐待,这位母亲可能正在为这个男孩长大后对女性施暴播下种子。我告诉听众,值得注意的是,如果我们听到一个男人告诉我们他是如何掐住一个女人的肉,以此来控制她的行为,那我们将立即认识到这是虐待。然而,当一个儿童受到伤害时,这种暴力统治的形式却被默许。这并不是个例——每天都有儿童受到父亲或母亲更暴力的对待。

实际上，我们国家的孩子现在正在面临危机，父权观念与女权变革之间的冲突使得家庭成为更激烈的战场，激烈程度甚至更胜于以往男性支配一切的时代。女权运动在这一过程中扮演了催化剂的角色，向我们揭示了父权家庭中男性对儿童性虐待的严重程度。这种揭示始于女权运动中的成年女性接受治疗，承认自己是虐待的幸存者，并将这一认知从私人治疗领域带入了公共话语，为解决儿童受虐议题创造了有利的伦理语境和道德条件。然而，如果仅仅关注男性对儿童的性虐待，大多数人依然无法理解这种虐待与男性统治有关，它只有在废除父权制时才会终结。男性对儿童的性虐待比女性更为普遍，也更常被报道，但女性对儿童的性侵犯同样令人震惊，应该被视为与男性虐待同样可怕。女权运动在对待这些女性侵犯者时必须像对待男性侵犯者一样严厉批评。除了性虐待之外，对儿童的暴力还有多种表现形式，其中最常见的形式是言语和心理虐待。

虐待性质的羞辱为其他形式的虐待奠定了基础。当男孩的行为不符合性别歧视观念里的男性气质时，他们经常受到虐待，经常被性别歧视的成年人（尤其是母亲）和其他儿童羞辱。如果男性长辈能体现反性别歧视的思想和行为，男孩和女孩就有机会亲眼见证女性主义的实践。如果女性主义思想家和活动家能为儿童提供教育场所，教导他们不要以性别偏见去评判他人的行为，那男孩和女孩就能培养健康的自尊心。

女权运动为儿童所做的一项积极干预便是提升文化意识，让大家认识到，男性平等地参与育儿不仅是为了创造性别平等，也是为了与儿童建立更紧密的关系。未来的女性主义研究将记录反性别歧视的男性育儿如何在多方面提升儿童的生活质量。同时，我们需要更深入了解女性主义育儿的普遍情况，了解在反性别歧视的环境中实际抚养孩子的方式，最重要的是，我们需要更多了解在这些家庭中成长的孩子变成了怎样的人。

那些具有远见的女性主义活动家，即便一直在努力提高我们文化对母亲和女人所付出劳动的认可，也从未否认男性作为照顾者的重要性和价值。对男性参与育儿表示赞赏，却轻视或贬低母亲所作的贡献，这对所有女性来说都是一种伤害。在女权运动早期，女性主义者对母亲的批评非常严厉，将生儿育女和被认为更具解放性、更肯定自我价值的职业相对立。然而，早在20世纪80年代中期，一些女性主义思想家就开始质疑我们对母亲地位的贬低、对家庭外工作的过度推崇。在《女权主义理论：从边缘到中心》一书中，我指出：

> 在性别歧视依然大行其道的社会背景下，不必要的竞争导致个体之间产生嫉妒、不信任、对抗和恶意，使

工作充满了压力、沮丧，往往令人失望。许多喜欢并享受她们工作的女性认为，工作占用了她们太多的时间，导致她们很少有时间去做其他能带来成就感的事。尽管工作可能帮助女性获得一定程度的经济独立，甚至是经济自足，但对大多数女性来说，它并没有充分满足人类的情感需求。因此，女性开始寻求在一个充满爱和关怀的环境中实现职业价值，这让她们重新强调家庭的重要性和母性积极的一面。

讽刺的是，正当女性主义思想家努力创造一个更平衡的母亲形象时，父权主流文化却对单亲家庭或由女性主导的家庭发起恶毒的攻击。尤其是涉及福利问题时，这种批评更是严厉。父权批评者们忽视所有正面数据，忽视那些充满生活经验、充满爱心的单身母亲就算不接受国家援助或为工资而工作，也可能在几乎没有收入的情况下精心抚养孩子。批评者们只关注那些由单亲女性主导的不健全的家庭，就好像这样的情况才是常态，然后提出该问题可以通过引入男人作为一家之主来解决。

在所有针对女性主义的反击中，对单身母亲的轻视是对儿童福祉最为有害的一种。在一个将男性主导的双亲家庭视为最高标准的文化中，一旦有家庭不符合这一标准，孩子就会在情感上缺乏安全感。尽管有数据证明，在不健全的单亲男性主导的家庭和不健全的单亲女性主导的家庭里，儿童的福祉差异不大，但我们对父权家庭的乌托邦式想象仍然存在。儿童需要在充满爱的环境中成长。只要有统治存在，爱就会缺失。无论父母是单身还是成对，是同性还是异性，是由女性主导还是由男性主导，只要他们有爱心，他们都有可能抚养出健康、快乐、具有良好自尊心的孩子。在未来的女权运动中，我们需要更加努力地向父母展示，终结性别歧视能如何积极改变家庭生活。女权运动是支持家庭的。只有终结儿童所遭受的父权统治（无论由男性还是女性施与），家庭才能变成孩子们心中安全、自由、充满爱的地方。

第十四章

◇

解放婚姻和伴侣关系

当代女权运动达到巅峰时,婚姻制度遭到了严厉批评。许多异性恋女性选择参与妇女运动,正是因为在亲密关系中遭遇了男性统治。尤其是在长期的婚姻关系中,性别不平等更是常态。妇女解放运动从一开始就挑战了我们在性方面的双重标准,即一边谴责那些不是处女或不忠诚的女性,一边允许男性在性行为上不拘一格。性解放运动促进了女性主义对婚姻的批评,以及对安全、低成本的避孕措施的要求。

早期女性主义活动家之所以特别关注私人关系和家庭关系,是因为在这些情境中,所有阶层、所有种族的女性都能感受到男性统治(无论来自家长还是配偶)的冲击。一个女人可能会在性别歧视的男老板或陌生人企图支配她时挑战对方,但在家里却屈从于自己的伴侣。当代女性主义者——包括身处长期婚姻的异性恋女性和与婚姻斗争的女同性恋——批评说,婚姻是另一种性奴役形式。她们特别指出,在由传统性别歧视思想指导的婚姻里,亲密、关爱和尊重都可以舍弃,这样男性就可以占据上风，成为主导者，成为家长。

在女权运动的早期，许多女人持悲观态度，认为男人难以改变。一些异性恋女人决定选择独身或探索女同性恋的生活方式，而不愿追求与性别歧视的男人建立不平等的关系。其他人认为与男性保持一对一的性关系会强化这样一种观念，即女人的身体是与她结合的男人的财产。我们选择了非一对一的亲密关系，通常还拒绝结婚。我们相信在父权社会中，与男性伴侣同居而不选择国家认可的婚姻有助于男性保持对女性主体性的尊重。女性主义者要求终结性奴役，关注普遍存在的婚内强奸问题，同时倡导女性表达性欲，主动发起性方面的互动，拥有获得性满足的权利。

有许多异性恋男性之所以接受女性主义思想，正是因为他们在与被教导贞洁、从不主动进行性行为的伴侣的关系中得不到性满足。这些男人感激女权运动提供了一种解放性的女性生活模式，使他们拥有更加满意的性生活。女性主义思想家挑战了女性贞操由女性的性行为决定的观念，不仅消除了非处女的羞耻感，而且将女人的"性福"与男人的放在了同等的水平上。女权运动敦促女性别再假装获得性满足，并威胁要揭示男人在性能力上的缺陷。

为了化解这种威胁，性别歧视的男人不断坚持说，大多数女性主义者都是女同性恋，又或者，"一场好的性爱"能让任何女性主义妇女回到自己的位置上。实际上，女权运动揭示了这样一个事实，即在父权关系中，许多女人与男人的性生活并不令人满意。在亲密关系中，大多数男人更愿意接受女人在性行为方面进行女性主义变革，这导致女性在性方面变得更加主动，同时却不接受那些要求男性改变自己性行为的变革。在女性主义的议程首次聚焦异性恋时，缺乏性前戏就已经是一个被广泛讨论的话题。异性恋女性厌倦了男人的性压迫，厌倦了男人对女人快感的漠不关心。女性主义关注性愉悦，为女人批评男人性行为提供了话语。

在性自由方面，女人已经取得了巨大的进步。性病肆虐使得女性更谨慎地选择性交对象，对一夫一妻制的批评也被日渐遗忘。像艾滋病这样威胁生命的疾病更容易从男人传播到女人身上，而在父权文化里，男人欺骗女人反而备受鼓励，这也使得异性恋女性更难选择多样的伴侣。很显然，在父权制里，异性恋一对一的亲密关系中的伴侣往往更难摆脱性别歧视的范式。与此同时，许多女性主义者发现，在父权制内，非一对一的关系通常只赋予男人更多的权力，同时却削弱了女人的权力。女人愿意与有伴侣的男人发生性关系，男人却对有伴侣的女人不太有性兴趣。要么，他们会不断把权力让渡给女人的男性伴侣，甚至寻求他对他们关系的批准。尽管存在这些困难，女人仍有权选择非一对一的亲密关系，但无论行使这种自由与否,她们都将继续挑战女人的身体属于男人这一观念。女性主义对性愉悦偏见的批判能带来积极的变化,它也能帮助女人和男人都拥有更令人满意的性关系。

起初,性关系的变化似乎导致了家庭关系的变化,男人也开始在家务和育儿方面承担平等的责任。如今,有很多男人承认他们应该做家务管孩子,无论他们是否真的去做,年轻女人都没必要为了让男性分摊家务而争执;她们认为分摊家务是理所应当的。然而,事实是,它从未变成理所应当,绝大多数时候女性仍然负责大部分的家务和育儿工作。总体而言,男人更愿意在卧室里接受和肯定平等,而不愿意在家务和育儿方面接受平等,这并不令人意外。不出所料,随着个别女性在阶级权力方面获得提升,她们许多人选择通过雇用他人来处理家务中的不平等关系,让用人去做自己或男性伴侣不愿执行的任务。当然了,当异性恋夫妇雇用他人来完成那些被性别歧视思维定义为"女性"的家务时,往往也是女性负责雇用流程并监督用人工作。

女性主义拒绝将母亲角色视为女性人生唯一的价值,这在改变婚姻和长期伴侣关系的性质上起到了重大作用。若女人的价值不再取决于她是否生育并抚养子女,那么一对没有孩子、拥有各自职业的夫妇就能够构想出一种同伴型婚姻——一种平等的关系。没有孩子的夫妇更容易达成平等的伙伴关系，因为父权社会通常假定母亲需要完成某些任务，这使得女性在育儿方面更难实现性别平等。例如，在女权运动兴起后，先前淡化母乳喂养的父权医疗机构突然对母乳喂养持积极态度，甚至坚持主张母乳喂养。这只是育儿的一个方面，无论是异性恋还是女同性恋，负责生育的女性都被期待承担更多的责任。很多与男人进入亲密关系的女人发现，孩子的出生会使他们的关系回到更加性别歧视的模式中。不过，一对夫妇是有可能在所有领域，特别是在育儿方面实现平等的。关键在于努力。但大多数男性并没有选择在育儿方面付出努力。

在女性主义的积极干预下，我们开始关注男性育儿对于儿童幸福和性别平等的重要性。当男性平等地参与育儿，无论这对父母是结婚、同居还是分居，女人和男人之间的关系都将变得更好。在女权运动的影响下，有更多男人比以往更积极地参与育儿，但我们仍然没有实现性别平等。我们知道，平等参与育儿对任何参与方都是积极而充实的经历。当然，职业要求经常会阻碍在职父母——尤其是男性——参与育儿过程。除非工作时间和工作结构发生重大变化，否则男人也很难有时间或空间参与育儿。在那样的工作环境下，男性可能更渴望成为父亲。但许多疲惫不堪、薪资不足的在职男性乐意让女人负责所有的育儿工作，即使她也疲惫不堪、薪资不足。在白人至上的资本主义父权制的职场里，女人更难以充分承担母职。事实上，这一现实正导致那些本可能选择事业的女人选择留在家里。与其说是性别歧视思维导致女性退出职场、回归家庭，不如说是因为担心培养出"没有父母"的一代才让女性无法流连职场。许多女人发现，竞争激烈的职场留给她们的时间很少，无法让她们用爱养育孩子。事实上，没人会谈论男人要不要辞职做全职父亲，这揭示了性别歧视思想在性别角色上依然占据主导地位。我们社会中大多数人仍然相信女人比男人更擅长抚养子女。

某种程度上，女人一方面批评母性，另一方面也享受母性给予她们的特殊地位和特权，尤其是在亲子关系方面，她们并不愿意像女性主义者所希望的那样，把在育儿方面引以为傲的地位让给男人。一些女性主义者在其他领域批判生物决定论，但当涉及母性问题时，却又话锋一转，选择认同这一观点。她们无法接受父亲和母亲同等重要，同样能出色地履行父母职责。这种矛盾的思维，加上性别歧视思想的盛行，破坏了女性主义者在育儿方面追求性别平等所做的努力。

如今，大众媒体不断告诉大众婚姻正回归主流。事实上，婚姻从未过时。当人们宣称婚姻回归主流时，他们真正想说的，更多是被性别歧视思想定义的婚姻观念再次"时髦"起来。这个事实让女性主义者感到不安，因为事实已经很清楚，以性别歧视为基础建立的婚姻往往会陷入困境，很少能够持久。传统的性别歧视婚姻越来越受欢迎。尽管它们往往培育着女性不幸和反叛的种子,但打破它的方式似乎只有解除婚姻。人们很年轻就结婚,很年轻就离婚。

在我们社会里,父权制对婚姻和伴侣关系的主导地位一直是导致离婚或关系破裂的主要原因。近期关于成功婚姻的研究都表明,性别平等能创造让夫妇双方都得到肯定的环境。这种肯定能带来更大的幸福感,即使婚姻无法持续,作为关系基础的同辈友谊仍然存在。重要的是,在未来的女权运动中,我们应该少花时间批判父权制婚姻关系,将更多的精力投入到设想替代的方案上,向大众展示,同伴型婚姻必须建立在平等、尊重的基础之上,只有双方都能相互满足、相互成长,伴侣关系才能充实和持久。

第十五章

◇

女性主义性别政治：双向解放的伦理法则

在女权运动兴起、性解放运动开始之前，很多女人发现要表达健康的性需求相当困难，甚至可以说几乎不可能。从出生开始，女人就被灌输了一种性别歧视的思想，即性欲和性快感永远只属于男性，只有那些道德败坏的女人才敢表明自己对于性的需求或渴望。在这种性别歧视思想的影响下，女人被划分为贞女或妓女的角色，无法建立起健康的性认同。幸运的是，女权运动迅速挑战了这些性别歧视的刻板印象。更幸运的是，这场挑战发生的时候，避孕措施也在我国变得越来越容易获取。

在可靠的避孕措施发明之前，女人对性的追求总是伴随着"惩罚"，面临意外怀孕和非法堕胎的危险。我们并没有足够的证词来让世界了解，在有可靠的避孕措施之前，女人经历了怎样的性病理化恐吓。仅仅想象一下这样一个世界就能在我内心唤起恐惧：女性每次追求性满足时都面临着怀孕的风险；男人想要性，而女人却害怕性。在这样的世界里，女人可能会发现她的欲望和恐惧在某种程度上交织在一起。我们并没有足够的证词得知女人以前如何抵挡男人性侵，如何应对持续的婚内强奸，如何冒死处理意外怀孕。但我们知道，女性主义性解放的到来永远改变了女人的性世界。

对于我们这些目睹母亲因为性而痛苦、苦闷，甚至恐惧的人来说，能在自己性成熟之时参与一个承诺给予我们自由、愉悦和快乐的运动，真是太令人振奋了。如今，女人在表达性欲方面所面临的障碍已经相当少，以至于我们的文化可能会淡化父权制侵犯女性身体和性的历史性记忆。在这个被遗忘的角落里，那些试图使堕胎非法化的人只讨论堕胎是否夺去生命，而忽略堕胎非法化会在性层面对女人产生多么毁灭性的影响。

女人实现性自由不仅需要可靠、安全的避孕措施，还需要女人了解自己的身体，对性有完整的理解。早期的女性主义活动在讨论性问题时，过于关注给予女人随时随地与任何人发生性关系的政治权利，而在培养我们以反性别歧视的方式尊重和解放性和身体方面显得相对不足。

在20世纪60年代末和70年代初，女性经常被鼓励将性自由和性放纵等同起来。那时候（一定程度上延续至今）大多数异性恋男性认为，经历性解放的女性是最方便的性伴侣，因为她们不提出过多要求，尤其是在情感方面。许多异性恋女性主义者也抱有相同的错误观念，这是因为她们还是按照父权制男性提供的范式来塑造自己的行为。然而，女人很快就意识到，性放纵和性解放并不是一回事。

女权运动"风头正劲"时，激进的女同性恋活动家经常要求异性恋女性重新考虑她们与男人的关系，质疑在父权制社会中女人是否有可能拥有真正自由的异性恋经历。这种质疑对于运动来说是有益的。它不仅迫使异性恋女性持续批判异性恋关系中存在的问题，还以积极的方式凸显了女同性恋者的优点，同时也揭示了她们的弱点。个别女性被"女性主义是理论，女同性恋是实践"这一时髦口号所吸引，从与男性建立关系转而选择与女性建立关系，但很快就发现这些关系在情感上同样需要付出，同样充满困难，就像其他任何关系一样。

女同性恋伴侣是否与异性恋关系一样好甚至更好，通常不是取决于双方是否为同性，而是取决于她们是否愿意打破统治文化里带有支配和受虐倾向的浪漫伙伴关系的观念，这种观念认为在每一段关系中都存在一方是支配者、另一方是被支配者的情况。与在异性恋实践中一样，女同性恋者之间的性放纵不能等同于性解放。将这两者等同起来会使在情感上受过伤的女性对性感到幻灭，无论她们的性取向如何。但考虑到男性统治和性暴力之间的联系，我们并不意外地发现，那些曾与男人有过牵扯的女人往往是最直言不讳地表达自己性挫败的人。

对性自由梦想幻灭的后果是，很多女性主义思想家要么从这些经历中脱身，要么在女性朋友或同志的负面影响下，对所有性活动，尤其是与男性的性接触，怀抱着深深的怨恨。曾经呼吁女人要为"与敌人同眠"而承担责任的激进女同性恋者，如今吸引了众多因对男性幻灭而选择同性关系的异性恋女性前来结盟。突然之间，关于性的讨论，尤其是有关性交的一切，似乎都在暗示所有性行为都是被强迫的，男性对女性的任何插入性行为都是强奸。这些理论，和那些传播理论的魅力女性，一度对正在努力确立新的性别身份的年轻女性产生了深远影响。许多年轻女性最终选择双性恋，或者在与男性建立关系时要求由自己全盘决定性接触的性质。然而，大批年轻女性干脆摆脱了女性主义思想。在这个转变中，她们回归到过时的性别观念中，甚至对性自由怀有报复的心理。

因此，性愉悦与危险、性自由与束缚之间的张力所导致的矛盾和冲突最终引向对性虐话题的讨论，也就不足为奇了。女性对性的追问最终都与权力的问题息息相关。不管女性主义思想家如何谈论平等，当谈到性欲和表达性激情时，性关系中唤起的权力方和弱势方之间的动态变化仍会打破她们对压迫者和被压迫者的简单理解。女性主义对异性恋实践的批评受到的最大挑战，就发生在人们发现女性主义的女同性恋者也会参与性虐活动之后，性虐活动营造了一个具有上下关系的世界，而在这个世界里，强者和弱者的地位差异是可以被接受的。

当解放运动里的女性开始争论女性主义者（无论是同性恋还是异性恋）能否参与性虐待时，几乎所有激进女权主义关于性的讨论都停滞了。这一问题还涉及对父权色情的意义和重要性的不同看法。到了20世纪80年代末，面对这些足以分裂和扰乱运动的问题，大多数激进女性主义者已经不再公开讨论，而是将这些对话转为私下进行。公开讨论性已经摧毁了整个运动。

那些依然坚持在公共场合谈论性的女性主义者往往更加保守，有时甚至展现出清教主义理念和反性观念。这场运动彻底改变了，从前女权运动呼吁庆祝女性性解放，现在我们对性的公开讨论更多集中在性暴力及其受害者。主流女权运动中的资深女性曾经是女性性解放的支持者，如今开始认为性快感并不重要，反而推崇独身主义。越来越多地公开谈论性欲和性行为的女性对女性主义性政治态度冷漠，或保持距离。如今，越来越多的人认为女权运动是反性行为的。关于性激情和性愉悦的前瞻性论述已经被边缘化，被大众忽视。取而代之的是女性和男性继续依赖于父权模式的性自由。

哪怕是在性解放和女权运动之后，很多异性恋女性还会仅仅因为男性要求就发生性关系，年轻的同性恋者（无论男女）依然找不到私人或公众环境支持他们公开性取向。性别歧视的"贞洁圣母"或"荡妇"形象仍然影响着男性和女性的性想象。父权色情如今已经渗透到大众媒体的各个角落，意外怀孕不断增加，青少年进行着不尽如人意也不太安全的性行为，与此同时，在很多长期婚姻或伴侣关系中（无论是同性还是异性），女性都没有性生活。所有这些事实都表明，我们有必要重新展开有关性的女性主义对话。我们仍然需要弄清楚解放性的性实践是什么样子。

总的来说，解放性的性实践需要相互尊重，性愉悦和性满足最好是在有选择、达成共识的情况下实现。在父权制社会中，除非双方都摆脱了性别歧视思维，否则男性或女性都无法享受持久的异性恋幸福关系。仍然有很多女性和男性认为男性的性表现完全取决于阴茎是否坚硬以及是否能保持勃起。这种看法与性别歧视的思想紧密相连。男性必须放弃女性的性只是为了满足他们需求而存在的性别歧视观念，与此同时，许多女性也需要调整对插入性性行为的固有观念。

在性解放和现代女权运动的鼎盛时期，女性发现许多男性虽然在各个领域愿意接受平等，但在性方面仍然存在问题。在卧室里，很多男性想要一个性欲勃发、渴望分享快感的女性，但最终不愿放弃性别歧视的观念，即女性的性表现（她是否想要进行性行为）应该由男人的欲望决定。和一个自愿的、兴奋的、性解放的女性共处很有趣，但当这些女性表示她们不想进行性行为时，就不再有趣了。通常情况下，每当这种情况发生时，异性恋男性都明确表示他们需要在其他地方寻求性发泄，这种行为宣示了女性身体的所有权，也说明他们认为任何女性身体都能满足他们的需求，这其实就是对性别歧视范式的拥护。在解放性的异性恋或同性恋关系中，双方都应该自由决定进行性活动的时间和频率，而不必担心受到惩罚。只有当男性明白，除了他们自己，其他人没有义务回应他们的性需求时，他们才能停止对伴侣的性征服。

真正解放的女性主义的性政治将始终把女性的主体性放在核心位置。若女性相信自己的身体必须为其他事物服务，那这种主体性就无法形成。许多职业妓女和日常生活中的女性常常以她们用身体交换商品或服务的自由为例，表明她们是解放后的女性。但她们拒绝承认这样一个事实，即当一个女人因为无法通过其他方式满足物质需求，而不得不售卖她的身体时，她就有可能丧失对性的完整控制，从而失去对身体的控制权。

大多数异性恋女性仍然无法放下这样一种性别歧视的观念，即她们的性必须被男性追求才有意义和价值。要放下这种观念，她们就要相信同性性行为、自我取悦和独身主义与在父权制文化中和男性性交一样重要且富有生命力。许多曾经主张女性主义变革的资深女性常常发现，在和男性有任何性接触时，由于担心对方会用年轻貌美的模特取代她们，她们必须符合性别歧视思维下的女性气质和性吸引的标准。在某种程度上，激进女性主义思想家多年前提出的观点是对的，当时她们指出，只有当我们不在意自己是否成为男性欲望的对象，也能看到自己在性方面具有价值和主体性时，女性才能真正实现性解放。我再次强调，我们需要女性主义理论来向我们展示，在一个依然深受父权思维影响的社会中，性情感和性身份需要如何表达。

尽管女性主义对于性的讨论存在一些限制，但女性主义政治仍然是唯一一个提供相互幸福愿景的社会正义运动。我们需要一种基于"存在即性感"原则的性爱观，即我们有权根据自己的感觉表达性欲望，并在性愉悦中找到一种肯定生命的精神。情欲的连接将我们从孤立和疏远中引向共同体。在一个积极表达性欲望的世界中，我们都将自由选择那些能够肯定并促进我们成长的性实践。这些实践可能包括选择放荡或独身，接纳某种特定的性身份和偏好，或选择一种流动的未知欲望，即只有在与我们感受到性吸引的特定个体（无论对方性别、种族、阶级，甚至性取向如何）互动时，我们才能点燃欲望的火花。因此，激进女性主义关于性欲望的对话必须走上台面，这样走向性解放的运动才能重新开始。

第十六章

◇

全然狂喜：女同性恋和女性主义

有时候很难确定是女性解放运动先于性解放运动，还是它们同时发生并且相互交融。对于一些社会活动家来说，这两者几乎是同时发生、相互交织的。对于许多参与第一波当代女权运动的双性恋和同性恋女性来说确实如此。这些女性不是因为是女同性恋才加入女性主义，事实上，很多女同性恋并没有参与政治活动，她们的观念相对保守一些，也没有参与激进活动的愿望。那些站在女性解放运动前线的女同性恋和女双性恋之所以投身女性主义，是因为她们在此之前就积极参与左翼政治，挑战阶级、种族和性别的边界。对她们来说，女性解放和对抗传统性别观及欲望观一脉相承。

女同性恋并不会自动成为女性主义者，就像女同性恋并不一定会参与政治运动一样。尽管她们是被剥削群体的成员，但这并不意味着她们更倾向于抵抗强权，否则，世界上所有女人（包括地球上的每个女同性恋）都会希望参与女性运动了。生活经验、自身意识和个人选择相结合往往导致女性投身左翼政治。在社会主义圈子、民权和激进的黑人权力运动中，有很多女性已经默默地做了不少琐碎的工作，同时也在幕后进行了激进的思考。这些激进的女性来自各行各业，她们为了自己的正义已经准备好了，也为女权运动做好了准备。而在其中，最为准备充分、真正有远见和勇气的，就有很多是女同性恋者。

我投身女性主义的时候还只是个十几岁的少女，甚至还未有过性经历。在我了解妇女权利的情况之前，我已经对同性恋有了一些了解。在我家乡那个南方原教旨主义和种族隔离的狭隘世界里，尤其是在我们的黑人社区，同性恋者都是众所周知的，而且同性恋者通常有一些特殊地位；他们中有很多是拥有社会地位的男性。在那个时候，男同性恋相比于女同性恋来说更容易被接受。在我们那个小小的、接受种族隔离的黑人社区里，女同性恋者通常都是已婚的。但她们清楚自己是谁，她们会在封闭的场所、秘密的聚会中展现真实的自我。其中一位被指责是同性恋的女性决定成为我的导师；她是一位职业女性，一个会阅读、思考的人，一个热爱社交的女性，我非常仰慕她。当父亲因为她"古怪"而不满我们之间的关系时，妈妈坚持认为"每个人都有权做自己"。当住在我家马路对面的同性恋男子被一群十几岁的男孩无情嘲笑时，妈妈站出来抗议，告诉大家他是一个负责任的、关心他人的好人——我们应该尊重和爱他。

在了解"女性主义"这个词之前,我就已经成为同性恋权利的支持者。在我家人担心我可能是同性恋之前,他们更担心的是我可能永远不会结婚。而我在成为真正的另类的道路上已经踏出了第一步,因为我知道我将永远跟随我的心,无论它指向何方。在我写下第一本书《难道我不是女人吗:黑人妇女和女性主义》时,我已经参与到女权运动之中,运动里聚集了异性恋、双性恋和出柜的同性恋女性。我们当时都很年轻。那时有些人感到有压力,觉得只有和女性分享政治观点和身体,才能证明自己真正深度参与了社会运动。那段时间里,大家学到的教训是,选择另类的性实践,并不代表一个人在政治上就是进步的。我的第一本书出版后,遭到了一些黑人女同性恋的批评,我对此感到很震惊。她们指责我恐同,因为我的书中没有涉及女同性恋的内容。但遗漏这些内容并不代表我恐同。我在书中没有讨论性,是因为我当时并没有准备好,我了解得还不够。如果我当时了解得更多,我会在书中表明这一点,这样就没人能够给我贴上恐同的标签了。

在我成为少女时,那些有见地的、关心他人的女同性恋者教给我宝贵的一课,那就是女性不必依赖男性来获得幸福或快乐,甚至不必依赖男性来体验性快感,这种观念对我的影响一直持续至今。这一认知为女性打开了一扇充满可能性的大门,提供了丰富多样的选择。我们永远无法知道,有多少女性之所以要维系与持性别歧视观念的男人的关系（哪怕自己在情感和性方面都不满意），仅仅是因为无法想象没有男人的生活也能幸福。如果女人感觉她需要除了自己之外的任何东西来证明或合法化自己的存在，那她就是在放弃自我定义的权力和主体性。从我小时候开始，女同性恋者就一直鼓励我学会自己定义自己的生活。

这正是激进女同性恋思想家为女权运动带来的特殊智慧。即使有些异性恋女性能从理论上理解一个人能在没有男性认可或男性性爱的情况下感到满足，她们也没办法用亲身经历为运动带来这种信念。在女权运动初期，我们使用"认同男人的女人"或"认同女人的女人"这样的词汇来区分那些不是女同性恋、却选择认同女人的活动人士，意思是她们的存在不需要男人的认可。而所谓认同男人的女人，是指那些在女性主义原则与浪漫的异性关系发生冲突时，会迅速抛弃女性主义原则的人。她们更多地支持男人而非女人，总是能够从男人的角度看待问题。最早在旧金山教妇女研究课程时，我面对的是一群激进的女同性恋学生，她们想知道为什么我仍然"喜欢"男人。有一天下课后，我们在停车场发生了一场对决。当时有一位年长的黑人女同性恋学生，她曾在性产业工作过，尽管与男人发生了很多性行为，但仍坚持自己是女同性恋者，她为了捍卫我的女权尊严而发声："她是一个认同女人的女人，她和男人发生性关系，那是她的权利，但她仍然站在我们的事业这边。"

到了20世纪80年代中期，随着许多女性退出运动，对女性主义政治的忠诚成为女性主义圈子内的核心讨论话题。那些有远见的女同性恋思想家、活动家在女性获得更多权利的同时让运动保持激进，但她们的存在和贡献经常被遗忘。许多在运动中最为激进和勇敢的女同性恋者来自工人阶级。她们没有在学术圈崭露头角所需的学历证书。女性主义的学术化重新确立了异性恋主导的等级体系，那些有着高学历的异性恋女性常常得到更多的尊重、更高度的评价，即使她们没有花时间参与学术圈之外的妇女运动。

在涉及差异问题以及将女性主义理论和实践拓展到包括种族和阶级问题时，有远见的女同性恋思想家是那些最愿意改变自己观点的女性之一，很多时候是因为她们有过由于不符合主流标准而受到剥削或压迫的经历。有远见的女同性恋者比她们的异性恋同志们更愿意深入探讨白人至上主义。她们更有可能希望加强与所有人的联系。而绝大多数异性恋女性，不管她们是不是积极参与女权运动，都更关心她们与男性的关系。

作为女性，我们有权选择我们爱的人，有权选择与谁分享我们的身体和生活，这在很大程度上得益于女同性恋在支持同性恋权利和妇女权利方面的斗争。无论是在过去还是在现在，女同性恋者在女权运动中总是不得不挑战恐同观念，就像有色人种女性都要挑战和面对种族主义（无论她们的性取向或身份如何）一样。那些声称支持女性主义者却持续恐同的女性，与那些想要姐妹团结却坚持白人至上思维的人一样虚伪，误导他人。

主流媒体一直选择异性恋女性来代表女权运动的立场，而且越"直"越好。她越迷人，她的形象就越能吸引男性。而那些认同女人的女性，不管是异性恋、双性恋还是同性恋，都很少将争取男性认可作为生活的首要任务。这就是为什么我们会对父权制构成威胁。那些抱有父权制思维的女同性恋者对男性的威胁远远小于那些将目光和欲望从父权制、性别歧视男性转向别处的女性主义者（无论其是同性恋还是异性恋）。

如今，绝大多数女同性恋者和她们的异性恋伙伴一样，都不涉足激进政治。活跃在女权运动中的女同性恋思想家很难接受女同性恋者可能和异性恋女性一样持有性别歧视观念的事实。"女性主义为理论，女同性恋为实践"的乌托邦观念在现实中不断被打破，因为生活在白人至上的资本主义父权文化中的大多数女同性恋者在构建伴侣关系时，使用的支配和屈从范式与异性恋者相似。想要建立令双方满意的亲密关系，而不贬低任何一方的地位，这在同性恋和异性恋关系里都一样困难。女同性恋伴侣关系中也存在家庭暴力，这点首先向我们表明，同性关系并非一定平等。其次，女性主义的女同性恋者更愿意公开讨论她们参与虐恋性行为的事实，而异性恋同行则较为保守。

性保守的女性主义者（无论是同性恋者还是异性恋者）始终不认可支配与屈从的关系，哪怕它发生在双方同意的性行为中。她们认为这违背了女性主义对自由的理念。她们黑白分明，拒绝尊重女性有选择最令自己满足的性实践方式的权利，这实际上才是对女权运动最有害的行为。很多女人永远无法理解两个女人发生性行为的本质，永远不会将另一名女性视作性对象，但她们将永远支持女人选择成为女同性恋或双性恋的权利。同样的支持也可以给予那些性行为特殊的女同性恋和异性恋女性。女性主义对女同性恋虐恋行为的保守批评中潜藏着恐同倾向。每当有女性表现得好像女同性恋者必须始终遵循严格的道德标准才能被认可，才能让异性恋者感到舒适时，她们都是在传播恐同思想。当更多异性恋女性公开讨论虐恋性行为，虐恋不再被视作女同性恋专属时，女性主义的批评就变得柔和了许多。

挑战恐同思想永远是女权运动的一部分。如果异性恋女人一直不尊重同性恋女人，一直贬低她们的地位，那女性之间的姐妹情谊就无法持久。有远见的女权运动要充分认可女同性恋者的努力。如果没有她们的积极贡献，那女性主义的理论和实践就永远不敢突破异性恋主义的界限，创造出一个让所有女性（无论其性取向和性喜好为何）都能获得自由的空间。我们应该持续铭记和珍惜这一遗产。

第十七章

◇

再次感受爱：女性主义之心

只有向往女性主义，女人和男人才能真正感受爱。如果没有女性主义的思考和实践，我们就无法创建深厚的爱情纽带。从很早的时候开始，很多女性就因为对异性恋关系感到失望而踏上了妇女解放的道路，她们之中很多人都觉得，在和男人结婚后，这些男人很快从迷人的王子变成了大家长制的庄园主，现实与当初对爱情和永远幸福的承诺背道而驰。这些异性恋女性把她们的痛苦和愤怒带进了妇女解放运动，与女同性恋者取得了共鸣，后者在父权价值观操控的浪漫关系中也感到了被背叛。因此，在涉及爱的问题上，女权运动一开始便认为，只有当女人放弃对浪漫之爱的执着，女人才能真正获得自由。

在女性主义意识提升小组里，我们被告知，对爱的渴望是一个迷人的陷阱。爱让我们不断对父权恋人沦陷（无论对方是男性还是女性），而他们利用这种爱来制服并支配我们。我在还未和男人发生第一次性关系时就加入了女权运动，我对女性所表达的对男性的强烈仇恨和愤怒感到震惊。然而，我理解这种愤怒的根源。我十几岁时在思想上的女性主义转变，其实是对我父亲在家中处于绝对支配地位的直接回应。他是一位军人、一位运动员、一位教堂执事、一位养家者、一位玩弄女性的人，他是父权统治的化身。我目睹了母亲的痛苦，我进行了反抗。母亲从未表达过她对性别不公的愤怒或愤慨，无论我父亲对她的羞辱有多么极端，或者他的暴力有多么严重。

第一次参加意识提升小组时，我听到与我母亲年龄相仿的女性发出痛苦、哀伤、愤怒的控诉，她们坚持认为女人必须远离爱，这种观念对当时的我来说是有道理的。但我仍然渴望一个好男人的爱，我仍然相信我可以找到那份爱。不过，我确信这个男人首先必须致力于女性主义政治。在20世纪70年代初，如果女人想要与男人在一起，那她面临的挑战就是如何让这个男人接受女性主义思想。如果对方无法成为女性主义者，那我们也无法拥有持久的幸福。

在父权文化中，大多数人对浪漫之爱的理解是，爱使人变得无知、无力，让人失去控制。女性主义思想家已经指出，这种对爱的观念实际上在服务于信奉父权制的男性和女性的利益。这种观念支持这样一个观点，即一个人可以以爱的名义做任何事情，包括殴打他人、限制他人的活动，甚至杀人并称之为"激情犯罪"。他们只需辩称："我爱她爱得要杀了她。"在父权文化中，爱与占有的概念相联系，与支配和屈服的范例相联系，人们认为一个人负责给予爱，另一个人负责接受爱。在父权文化中，异性恋的纽带基于这样一种观念，即女人天生负责关怀和情感，她们会给予男人爱，而男人与权力和攻击密不可分，他们会提供物质基础和保护。然而，在许多异性恋家庭中，男性并没有对关怀做出回应：相反，他们是滥用权力、强迫和控制伴侣的暴君。一开始，很多异性恋女性加入妇女解放运动是为了缓解亲密关系带来的疼痛——为了打破爱的枷锁。值得一提的是，当时她们也强调了女人不为子女而活的重要性。子女也被认为是爱设下的另一个陷阱，阻碍女性实现自我。早期的女性主义提醒我们，试图让子女替自己实现愿望的母亲必然会成为控制欲强、侵入子女生活的怪物，会给子女带来残酷而不公的折磨。那些参与女性主义政治的年轻人往往也是在反抗自己控制欲强的母亲。我们不想成为她们。我们希望我们的生活尽可能地与她们的生活不同。确保这一点的方式就是选择不生育子女。

女性主义早期对爱的批判不够深刻，没有挑战父权制思想对爱的错误预设，而是简单地把爱归结于问题来源。我们被告知要摒弃爱，用争取权利、获得权力来替代爱。然而，当时没有人讨论这样一种可能性，即女性可能会逐渐内心冷漠，在感情上封闭自我，最终变得与我们以女性主义之名反叛的父权男人或男性化的女人一样。很大程度上这就是现实。女性主义并没有重新思考爱的定义，也没有坚持爱的重要性或价值，而是在对爱的讨论上停滞不前。那些想要爱，尤其是想要男性的爱的女人，不得不去其他地方了解如何找到爱。很多女人最终因此背离了女性主义政治，她们觉得女性主义否定了爱、家庭关系以及与他人共同生活的重要性。

有远见的女性主义思想家也不确定要如何与女性谈论爱。在《女权主义理论：从边缘到中心》中，我谈到了女权运动的领导者需要为女性主义活动带来一种爱的精神："他们应该有表达爱和同情心的能力，通过行动展现这种爱，并能够进行成功的对话。"尽管我当时分享了我的信仰，即"爱能战胜支配关系"，但我并没有深入探讨女性主义理论如何为每个人提供解放的愿景。

回顾起来我们很容易看出，由于女性主义没有创造关于爱的积极话语，尤其没有创造与异性恋有关的积极话语，导致父权制大众媒体将妇女解放运动描绘为一个以仇恨而非以爱为基础的政治运动。许多希望与男性建立联系的女人觉得，她们如果想致力于女权运动，就必须放弃这些关系。事实上，我们本应该传达的信息是，女性主义将帮助女人和男人感知爱。我们现在知道这点了。

有远见的女性主义提供的是明智而有爱的政治理念。女性主义政治的核心是结束支配关系。爱永远无法在基于支配和强迫的关系中生根发芽。激进女性主义者批判父权制观念里爱的概念并没有错。然而，女人和男人所需要的，不仅仅是有人批评我们在寻找爱的旅程中犯了错；我们需要一种可替代当前现实的女性主义愿景。虽然我们很多人已经在私人生活中体验到符合女性主义理念的爱，但我们并没有创造出更广泛的关于爱的理论，来对那些反对爱的女性主义派别做出反击。

我们提供的愿景依然以一个基本而必要的真理为前提：只要有支配和服从关系存在，爱就不可能存在。女性主义思想和实践强调双方在伴侣关系和育儿中相互成长，实现自我价值。这种亲密关系的愿景是每个人的需求都得到尊重，每个人都有权利，没有人需要害怕屈从或虐待，这与父权制对亲密关系的想象背道而驰。我们大多数人在私人关系中都曾遭受或将要遭受男性的支配，它可能来自男性抚养者、父亲、兄弟，或者（对异性恋女性而言）恋爱关系。实际上，如果双方都接受女性主义思想和实践，女人和男人的情感健康就会得到提升。真正的女性主义政治总是将我们从束缚带到自由，从无爱变成有爱。相互合作是爱的基础。女性主义实践是我们社会唯一注重培育平等关系的正义运动。

如果我们认同真正的爱扎根于认可和接纳，相信爱包含了认可、关心、责任、承诺和了解，那我们就会理解，没有正义就不可能有爱。正是因为有了这样的认识，我们才会明白爱有改变我们的力量，这使我们有能力反抗支配者。选择女性主义政治，就是选择爱。

第十八章

◇

女性主义信仰

女性主义一直且将继续是一场重视信仰实践的反抗运动。在我接触女性主义的理论和实践，认识到自爱和自我接受的必要性之前，我就在追随一条同样强调自爱、自我接受的信仰之路。尽管由男性主导的宗教存在性别歧视行为，但女性在信仰实践中找到了宽慰和庇护之地。在西方基督教史中，妇女有转向修道院、寻找属于自己的地方的传统，她们可以在那里与上帝亲近，无须男性的干预。她们可以在没有男性支配的情况下侍奉神明。在当代女性主义兴起之前，具有敏锐精神洞察力和神力的修女诺里奇的朱莉安（Julian of Norwich）就写道："我们的救主是我们真正的母亲，我们无尽地由她而生，永远也离不开她。"诺里奇的朱莉安敢于反对救主只能是男性的观念，为我们追寻神圣女性的旅程做出了贡献，帮助女性摆脱父权宗教的束缚。

女权运动早期对父权宗教提出了批评，这些批评话语产生了深远的影响，改变了我们国家宗教崇拜的本质。它揭示了西方形而上学的二元方法论（即世界总是可以通过二元类别理解，其中存在优劣、善恶之分）是各种形式的集体压迫、性别歧视、种族主义等意识形态的基础，而正是这种思维构成了犹太基督教信仰体系的基础。要想改变我们信仰神明的方式，就需要重新构想神明。女性主义对父权宗教的批判与大环境向新时代宗教的转变相吻合。在新时代宗教圈子中，宗教从业者们从基督教原教旨主义思想中脱身，向东方寻找答案，寻找不同的宗教传统。以创造为中心的神明取代了根植于堕落和救赎观念的父权制神明。在印度教、佛教、伏都教以及各种宗教传统中，女性发现了女神形象，这一发现允许我们回归到以女神为中心的宗教视野中。

在女权运动的早期阶段，一些活动家认为妇女解放运动应该专注于政治，而对宗教保持中立，这一观念引发了冲突。许多从传统社会主义政治转向激进女性主义的女性都是无神论者。她们认为回归神圣女性的宗教愿景与政治无关，也不够理性。然而，运动内部的分歧并没有持续很长时间，因为越来越多的女性开始看到挑战父权宗教与设想新一代神明之间的联系。在美国，绝大多数公民自认为是基督徒。与其他宗教信仰相比，基督教的教义更强调性别歧视和男性统治的观念，这些思维在我们学习社会中的性别角色时被灌输给我们。事实上，若我们不变革宗教信仰，那我们的文化也就无法实现女性主义的转变。

以创造为中心的基督教灵性觉醒与女权运动相互关联。在《原福》(Original Blessing)一书中,马修·福克斯(Matthew Fox)解释说:"父权宗教和宗教中的父权范式统治着世界文明已经有三千五百多年。以创造为中心的宗教将是符合女性主义思想的宗教。在这种信仰里,智慧和性爱对抗的不仅是知识或控制。"谈到关注自然生态的人和关注争取公民权利的女性主义者之间的紧张关系时,福克斯表明这是一种不必要的二元对立:

> 以正义为追求的政治运动是世界走向全面发展的一部分,而自然是人类自我意识和对自身力量认识的交会点。解放运动有助于发展世界的和谐、平衡、正义和美好。这就是为什么真正的宗教解放要经历赞美和疗愈世界的仪式,这种仪式反过来将帮助个人得到转变和解放。

解放神学将解放被剥削和受压迫群体视为基本的信教行为,认为这是对神圣旨意的奉献。参与终结父权制的斗争是神的指令。

原教旨主义的父权宗教一直是女性主义思想和实践传播的障碍。确切地说,没有哪个群体比右翼宗教原教旨主义者更加妖魔化女性主义者,他们容忍甚至呼吁谋杀女性主义思想家

(尤其是支持妇女堕胎自由的思想家）。最初，女性主义对基督教的批评使大批女性背离了这一运动。后来，女性主义基督徒开始为《圣经》和基督教信仰提供新的、以创造为中心的批评和解释，以调和女性主义政治和基督教信仰之间的冲突。然而，这些活动家尚未充分组织起来形成运动，未能大量接触基督教信徒，帮助他们理解女性主义与基督教信仰之间并无必然的冲突。那些信奉犹太教、佛教、伊斯兰教等宗教的女性主义者的情况也是一样。在没有这种组织的情况下，父权宗教将继续削弱女性主义宗教改革的成果。

一开始，当代女性主义更注重公民权利和经济收入，却没有足够关注宗教信仰。主流媒体关注女性主义对宗教的批评，却对女性主义妇女群体中的宗教改革没有多少兴趣。很多人仍然认为女性主义与宗教对立。事实上，女性主义已经使父权宗教思想发生转变，使更多女性找到与神明的连接，为宗教生活奉献。

在具有心理疗愈色彩的场所中，女性主义宗教活动往往得到认可和接受，在那里，女性试图从在原生家庭或亲密关系里所受的父权创伤中恢复过来。在女性主义心理治疗的语境里，许多女性对信仰的追求得到了肯定。这种精神探索发生在私人领域，导致公众依然不了解女性主义活动家关注信仰需求和信仰生活到了什么程度。在未来的女权运动中，我们需要更好的策略来分享有关女性主义信仰的信息。

选择新时代信仰帮助许多女性在维持宗教生活的同时继续审视、挑战父权宗教。女性主义的介入改变了制度化的父权教堂或寺院。但近年来，教会开始背离自己在性别平等方向上取得的进展。宗教原教旨主义的崛起威胁着信仰的进步。原教旨主义不仅鼓励人们相信性别不平等是"自然的"，还强调对女性身体的控制是必要的，反对堕胎自由权。与此同时，宗教原教旨主义对性的观念要求女人和男人压抑性，从而在许多方面默许了性强迫行为。显然，女性主义活动家仍然需要高度关注宗教组织，对其进行持续的批判和抵抗。

虽然现在存在着许多美好的、认同女性主义理念的信仰传统，但很多人并不了解这些实践。他们往往觉得只有父权宗教关心他们的精神健康。父权宗教成功地利用大众媒体（尤其是电视）传播其信息。新时代的信仰如果想要对抗"只有父权宗教是唯一正确的道路"的观念，那就必须采用同样的方式。女性主义信仰帮助大家审视过时的信仰体系，开辟新的路径。它以不同的方式展现神明，恢复我们对神圣女性的尊重，帮助我们肯定或重新肯定信仰生活的重要性。它将我们从任何形式的支配和压迫中得到解放视为最基本的精神追求，使我们重新将宗教生活与我们为正义和解放进行的奋斗相结合。女性主义实现信仰的愿景是指导真正的宗教生活的基石。

第十九章

◇

有远见的女性主义

真正的有远见是把想象根植于具体的现实，同时能在这个现实之外设想更多的可能性。当代女性主义的一大优势在于它会随时改变形式和方向。那些坚守过时的思维和行动方式的社会正义运动往往会失败。有远见的女性主义的根源可以追溯到20世纪60年代初。在妇女解放运动刚开始时，就有一些有远见的思想家梦想能有一个激进的、革命性的政治运动，能在现有的白人至上的资本主义父权制内赋予妇女公民权利，同时努力破坏和推翻这个体制。她们的理想是用基于公共主义和社会民主的共享经济来取代现有的支配文化，创造一个不以种族或性别歧视思想为根基的世界，一个以人与人之间相互关联、相互依存为主导理念的世界，这个世界关于全球生态的愿景是地球能维持发展、每个人都能获得和平与幸福。

随着运动的发展，激进派或改革派女性主义的愿景变得更加清晰，也更加复杂。但它经常被改良派女性主义者的绝对主义所掩盖，这些女性主义者真的觉得只有在现有社会秩序内工作才更安全。一些改良派女性主义活动家渴望改变经济收入层面的性别歧视，以便与特权阶层的男性平等，而另一些人认为，如果将精力集中在改革体制方面，那运动将更切实地改善妇女生活。放弃女性主义斗争的激进核心元素只会使该运动更容易被主流资本主义父权制所吸收。

很多女性受到阶级权力或阶级跃迁的诱惑，一旦在现有社会秩序中取得进展，便不再对推翻现有体制感兴趣。尽管我们一再听到像卡罗尔·吉利根等个别女性思想家告诉我们的，女性更有人文关怀、更有道德，但女性在与一些弱势女性打交道时的情况表明，事实并非如此。女性对自己所认同的族群表现出关怀伦理，但这种关怀伦理并没有延伸到她们没有共鸣、认同或归属感的人身上。特权女性（其中大多数是白人，但不全是）很快投入到对工人阶级妇女和贫困妇女的持续性压迫中。

有远见的女性主义的基本目标是制定策略，改变所有妇女的命运，并赋予她们更多个人权力。然而，为了实现这一目标，运动需要远远超越平等权利议程，从扫盲运动等基本问题开始，涵盖所有妇女，特别是贫困群体的妇女。目前并没有女性主义学校，也没有女性主义大学。我们也没有一直努力去建立这种教育机构。基于工作和职业的平权行动计划的主要受益者是受过教育的白人妇女，她们从现有体制中获得了好处，但通常没有动力去创造以女性主义原则为宗旨的教育机构，因为这些机构可能永远无法提供高薪。然而，即使是财务独立的女性主义活动家也没有利用自己的资金资助教育项目，去帮助妇女或儿童提升基本的生活技能。

虽然有远见的女性主义思想家已经意识到我们需要一个以大众为基础，关注女孩和男孩、女人和男人、跨越阶级的运动，但我们还没有形成用通俗语言编写或通过口头交流分享的有远见的女性主义理论。在如今的学术圈内，很多备受推崇的女权理论都用复杂术语写成，只有受过良好教育的人才能读懂。我们社会中的大多数人对女性主义并没有基本的了解；他们无法通过海量的宣传材料或小学水平的入门读物等途径获取这种了解，因为这样的材料并不存在。如果要重建真正适合每个人的女权运动，我们就必须先创造这一理论体系。

女性主义领导者并没有电视台资源来确保我们登上任何现有电视台上的固定时段。没有任何电视或广播节目提供女性主义新闻时段。我们在传播女性主义信息方面面临的一个困难是，任何与女性有关的东西都被视为涉及女性主义，即使有些并不包含女性主义的观点。我们确实有一些关注性别问题的广播节目和电视节目，但这并不意味着它们都在集中谈论女性主义。讽刺的是，当代女性主义的成就就是让大家更愿意讨论性别和妇女问题，但我再次强调，很多人并不一定是从女性主义的角度进行讨论的。例如，女权运动创造了文化变革，使我们的社会能够直面男性对妇女和儿童的暴力问题。

尽管大众媒体频繁呈现家庭暴力的例子，各个领域也在讨论此问题，但公众很少将制止男性暴力与终结男性统治、消除父权制联系起来。这个国家的大多数公民仍然不太理解男性统治与家庭暴力之间的关系。在面对各个阶层的年轻男性暴力谋杀家庭成员、朋友和同学的事件时，我们国家对这种关系理解的不足显得尤为突出。在媒体上，人们普遍质询为什么会发生这种暴力，但很少有人将其与父权思维联系起来。

女权运动需要对大众进行批判意识教育。不幸的是，阶级精英主义已经影响了女性主义思想的方向。大多数女性主义思想家或理论家在高等教育机构中从事研究工作，她们不太撰写儿童读物，不在小学任教，也没有成立任何有力的游说团体对公立学校的教学产生建设性影响。我之所以开始为儿童写书，正是因为我希望参与到一个能够让每个人接触到女性主义思想的运动中去。有声书籍有助于将女性主义信息传达给所有年龄层次的人，包括不会阅读或书写的个体。

我们需要挨家挨户地努力传播女性主义的信息，使运动能够回归到激进女性主义政治的指导之下。在我们所处的环境里，激进的东西往往被深埋于地下，因此我们必须竭尽所能将女性主义推向地表，传播我们的理念。因为女性主义是一场终结性别歧视、性别统治和性别压迫的运动，是努力终结性别不平等、创造平等的奋斗，它从根本上就是激进的运动。

人们之所以会忘记女权运动固有的激进内核，是因为女性主义活动家逐渐只关注制度改良，而不去挑战各种形式的性别歧视。"女性主义不止一种"的观点早已为保守主义或自由主义政治利益服务，以帮助那些女性寻求地位和阶级特权，这些女性是最早使用"强调权力的女性主义者"这一术语的人，也是最早提出"反对堕胎的人也可以是女性主义者"的群体。这种观念是错误的。赋予女性对身体的控制权是一项基本的女性主义原则。女人是否堕胎纯粹是个人选择的问题。选择不堕胎并不等于反女性主义。但确保女人有权做出选择是女性主义的基本原则。

阶级关系的寄生、对财富和权力的贪欲导致了女性背叛贫困妇女和工薪阶级妇女的利益。曾经支持女权思想的妇女现在支持削减社会福利。她们认为自己的立场没有矛盾，她们只是为女性主义赋予自己的"品牌"特色。将女性主义描绘为一种生活方式或商品会掩盖女性主义的政治意味。如今，许多女性希望在没有女性主义的情况下获得公民权利。她们希望父权制在私人领域保持不变，同时在公共领域追求平等。然而，有远见的女权思想家从运动开始就明白，与父权合作，甚至是在妇女解放运动的某些方面（即要求妇女参加工作）得到父权支持，将使女性变得脆弱。我们看到，如果支配我们生活的制度没有发生根本性的变化，即使在这个制度下获得权利，这些权利也很容易被剥夺。我们已经在生育权，尤其是堕胎权方面看到了这一点。事实已经向我们证明，在父权制内赋予公民权利是危险的，因为它容易让女性美化我们的处境，以为统治结构正在发生变化。实际上，这些结构只是在巩固自身，而许多女性正在远离女性主义。

极端的反女性主义的回击也对运动造成了破坏。回击的一个重要部分是让机会主义的、保守的女性对女性主义发起攻击。例如，丹妮尔·克里滕登（Danielle Crittendon）最近出版了《母亲没有告诉我们的事：为什么现代女性得不到幸福》(*What Our Mothers Did Not Tell Us: Why Happiness Eludes the Modern Woman*)。在书中作者告诉我们，女性都应该待在家里，履行母职，生育健康的孩子；我们应该承认男性和女性的心理存在基本差异，而且最重要的是，女性主义是错误的。批评女性主义的人将现代女性的一切困境归咎于女权运动，却从不谈论父权制、男性统治、种族主义或阶级剥削。反女性主义的书籍往往用通俗的语言写成，吸引到广泛的读者群体，但我们却没有通俗的女性主义理论与之对抗。

每当我与激进女性主义者交谈，尤其是那些已到中年的人（年龄在35岁到65岁之间），我都能了解到女性主义如何带来了建设性影响。我们必须记录这些成就，以反驳民间盛行的观点，即女性主义所做的一切只是让女人的生活变得更加艰难。实际上，对于女性来说，拥有女性主义的思想和实践，却仍然停留在基本保持不变的父权思想和行为体系中，才是让她们的生活变得更加复杂的原因。

有远见的女性主义者一直都明白将男人转变为女性主义者的必要性。我们知道世界上所有的女人都可能成为女性主义者，但如果男人仍然维持性别歧视的观念，那我们的生活将持续受到损害，性别战争仍将成为一种常态。一些女性主义活动家错误地认为，一旦男人从女性主义政治中受益，女人就必将失去点什么，她们因此拒绝将男性视为斗争中的同志，从而误导公众对女性主义抱有怀疑和蔑视的看法。有时，憎恨男人的女人宁愿看到女性主义不能取得进展，也不愿解决她们与男性之间的问题。男人需要尽快举起女性主义的旗帜，挑战父权制。地球上生命的安全和延续需要男性在思想上向女性主义方面转变。

只要有男人或女人（无论年龄）愿意为终结性别歧视而付出努力，女权运动就会取得进展。我们不一定需要加入组织；无论身在何处，我们都可以以女性主义之名开展工作。我们可以在家里开展女性主义工作，就在我们生活的地方，教育我们自己和我们所爱的人。在过去，女权运动没有为女性或男性个体提供足够的变革蓝图。尽管女性主义政治根植于一套固定的信仰，我们的目标和方向是坚定的，但我们进行女性主义变革的策略必须是多样的。

通往女性主义的道路并不唯一。来自不同背景的人需要与他们的生活直接相关的女性主义理论。作为黑人女性主义思想家，我认为我们需要批判性地审视黑人生活中的性别角色，以发现必须解决的具体问题及解决策略，让所有黑人都能够理解女性主义斗争与我们生活的相关性。

有远见的激进女性主义鼓励我们所有人勇敢地从性别、种族和阶级的角度审视我们的生活，以便我们可以准确理解自己在帝国主义的、白人至上主义的、资本主义父权制中的位置。多年来，许多女性主义者坚持错误的观念，即性别是造成她们处境的唯一因素。打破对其他因素的否认是女性主义政治的关键转折点。它使妇女能够理解种族和阶级偏见如何导致妇女运动逐渐远离大众基础。

我们现在准备重新开展女性主义斗争。对女性主义的反击将持续存在，正是因为这场运动向大家揭示了父权制对女性和男性幸福的威胁。如果女权运动不能真实地展现性别歧视和男性统治的危害，它就会失败，而发起反女权运动也就没有必要了。尽管父权制大众媒体将持续散布谎言，声称男人在女性主义课堂上不受欢迎，但事实上，越来越多的男人开始学习女性主义思想，并转变为女性主义者。这种变化将对父权制构成更大的威胁。如前所述，如果妇女解放运动只关注女性，那么父权的现状将无法改变，外界也就无须对女性主义进行激烈的抨击。

我们一再被父权制大众媒体和性别歧视的领导人告知，女性主义已死，不再有意义。但实际上，各个地方、各个年龄段的女性和男性都在持续努力地解决性别歧视问题，都在继续寻找能够解放而非限制或束缚自己的角色；而且他们是向女性主义寻求这些问题的答案的。有远见的女性主义为我们提供了未来的希望。通过强调互惠和相互依存的伦理思想，女性主义告诉我们该如何结束统治，如何改变不平等造成的影响。在一个以互惠为常态的世界，哪怕有时也会不平等，但不平等的后果绝不会是强迫服从、殖民或将弱者非人化。

作为一场以结束性别歧视、性别剥削和性别压迫为纲领的运动，女性主义依然充满活力。尽管我们的运动没有以群众为基础，但重建以群众为基础的运动正是我们的首要目标。为了确保女性主义能一直与我们的生活息息相关，有远见的女性主义理论必须不断地重新规划自身，使其能在当下对我们的生活产生影响。男人和女人在迈向性别平等的方向上取得了巨大的进展。这些进展必须给予我们更进一步的力量。我们必须勇敢地从过去吸取教训，并继续努力，让女性主义原则能在未来支撑我们公共和私人生活的方方面面。女性主义政治的目标是终结支配,使我们自由地成为真实的自己,过上热爱正义、和平共存的生活。女性主义属于所有人。

图书在版编目（CIP）数据

写给所有人的女性主义 /（美）贝尔·胡克斯著；张艳译. -- 长沙：湖南文艺出版社，2024. 8 -- ISBN 978-7-5726-1984-7

Ⅰ. C913. 68

中国国家版本馆CIP数据核字第20243SY011号

Feminism Is For Everybody, 2nd Edition
Copyright © 2015 by bell hooks
Simplified Chinese Edition © 2024 Shanghai Insight Media Co.
All rights reserved.
Authorised translation from the English language edition published by Routledge, a member of the Taylor & Francis Group.
Copies of this book sold without a Taylor & Francis sticker on the cover are anauthorized and illgal.

著作权合同登记号：18-2023-230

写给所有人的女性主义
XIEGEI SUOYOUREN DE NVXINGZHUYI

作　　者	[美]贝尔·胡克斯
译　　者	张艳
出 版 人	陈新文
出 品 人	陈垦
出 品 方	中南出版传媒集团股份有限公司
	上海浦睿文化传播有限公司
	上海市静安区万航渡路888号开开大厦15楼A座（200040）
责任编辑	吕苗莉
装帧设计	张王珏
责任印制	王磊
出版发行	湖南文艺出版社
	（长沙市雨花区东二环一段508号　邮编：410014）
印　　刷	北京利丰雅高长城印刷有限公司

开本：880mm×1230mm　1/32	印张：6.25	字数：115千字
版次：2024年8月第1版	印次：2024年8月第1次印刷	
书号：978-7-5726-1984-7	定价：52.00元	

版权专有，未经本社许可，不得翻印。
如有倒装、破损、少页等印装质量问题，请联系印制单位调换。联系电话：021-60455819

浦睿文化
INSIGHT MEDIA

出 品 人：陈　垦
出版统筹：胡　萍
监　　制：余　西
策划编辑：廖玉笛
装帧设计：张王珏
营销编辑：哈

欢迎出版合作，请邮件联系：insight@prshanghai.com
新浪微博@浦睿文化